Apple
Shock

애플 쇼크

하드웨어의 시대는 끝났다 소프트웨어의 시대가 열린다

김대원 지음

더난출판

하드웨어의 시대는 끝났다 소프트웨어의 시대가 열린다

애플 쇼크

초판 1쇄 발행　2010년 4월 20일
초판 3쇄 발행　2010년 8월 9일

지은이 김대원 | **펴낸이** 신경렬 | **펴낸곳** 더난출판

본부장 강용구

기획편집부 차재호 · 박귀영 · 윤현주 | **디자인** 서은영 · 하영은 | **마케팅** 김대두 · 견진수 · 홍영기 · 서영호

교육기획 함승현 · 김종식 · 김승길 · 이경희 · 정수항 | **관리** 김태희 · 양은지 | **제작** 유수경 | **물류** 이승선 · 오수진

출판등록 1990년 6월 21일 제1-1074호 | **주소** 121-840 서울시 마포구 서교동 395-137

전화 (02)325-2525 | **팩스** (02)325-9007

이메일 book@thenanbiz.com | **홈페이지** http://www.thenanbiz.com

ISBN 978-89-8405-628-2 13320

스마트폰이 증권시장을 움직인다

KB투자증권 사장

김명한

2009년 12월 15일 모건스탠리는 '모바일 인터넷 보고서'를 발표, 인터넷 사용량을 기준으로 했을 때 2012년에는 스마트폰 시장이 PC 시장보다 커질 것이며 2014년에는 3명당 1명꼴로 스마트폰을 사용할 것이라 전망했다. 간단히 말해 4~5년 내에 PC보다 스마트폰으로 인터넷을 더 많이 사용하게 될 것이라는 이야기다. 이에 따라 증권계에는 스마트폰을 통한 모바일트레이딩 시대가 열릴 것으로 예상된다.

기존의 주식 매매는 주로 영업점이나 콜센터를 통해 주문을 내고 체결되는 전통적 방식과 온라인을 통한 홈트레이딩시스템(HTS)으로 이루어져왔다. 물론 휴대폰이나 주식 전용 단말기, SMS 등을 통한 모바일 주식거래가 가능하긴 했지만 정보 취득 및 매매의 다양성과 신속성이 생명인 주식 투자에서 기존의 통신수단은 역부족인 면이 많았다.

그러나 스마트폰 애플리케이션을 통한 엄청난 자유와 확장성은 그동안 주식 투자자들이 모바일을 통하여 얻고자 했던 니즈를 충분히 만족시켜주고 있다. 스마트폰만 있으면 지점, 콜센터, HTS에서 얻을 수 있는 모든 정보를 언제 어디서고 손에 넣을 수 있다. 또한 HTS 화면을 떠나는 순간 할 수 없었던 투자 행위를 스마트폰을 통해 지속할 수 있어 매매의 항시성까지 충족시켜주고 있다. 시공간을 초월하여 주식 매매를 할 수 있다는 점에서 특히 외근이 많은 영업직이나 직장인들에게 환영받을 것으로 보인다.

여기에 금융회사와 고객 간에 새로운 커뮤니케이션 채널로서 스마트폰의 가능성은 높이 평가될 만하다. 앞으로 금융회사의 메시지는 파일이건 동영상이건 문제없이 고객에게 전달될 것이며 고객은 각자에게 유용한 정보들을 취득하여 시차 없이 바로 매매로 연결시킬 수 있게 된다. 정보와 투자 타이밍은 증권회사가 고객에게 제공할 수 있는 최상의 서비스이며, 사람들은 본인에게 맞는 최적의 투자 환경을 조성해주는 증권사의 충성스러운 고객이 될 것이다.

누가 나에게 지점 100개와 10만 스마트폰으로 링크된 고객 중 어느 것을 선택하겠냐고 묻는다면, 나는 서슴없이 후자를 택할 것이다. 스마트폰은 우리가 상상하는 것 이상의 무궁무진한 가능성을 지니고 있으며 그 폭발력 또한 기대 이상일 것이기 때문이다.

애플이 의료 기기의 운영체제를 디자인한다면

미국 펜실베이니아대 치의학 박사

VGX인터내셔널 대표이사

김병진

1984년 애플이 매킨토시를 출시했을 때 2010년 아이팟과 아이폰으로 대표되는 '애플 문화혁명'은 이미 예고됐다.

그래픽 유저 인터페이스(Graphic User Interface)로 대표되는 매킨토시의 운영체제(OS)는 인류와 기계와의 진정한 소통(interaction)을 가능케 했고, 결과적으로 시장을 장악해온 마이크로소프트(MS)의 윈도 (Window) 운영체제 탄생에 결정적인 역할을 했다.

기계인 PC와 사용자인 사람 간의 대화를 가능하게 해준 컴퓨터 운영체제는 20세기 후반을 대표하는 PC 혁명과 인터넷 혁명에 절대적 토대를 제공했다. 그리고 점차 이동식으로 바뀌어가는 21세기 플랫폼인 모바일 운영체제를 가능, 진화하게 해주고 있다.

애플의 운영체제 혁신은 사용의 편리성을 통해 생산성과 효율성을 증가시킨다. 2001년에 출시된 아이팟은 엄지로 원하는 노래를 찾을 수 있는 시스템을, 2007년 출시된 아이폰은 손가락 하나로 대부분의 기능을 수행할 수 있는 운영체제를 통해 시스템 업그레이드를 성공적으로 이끌었다.

생명을 다루는 의료 산업에서 시스템과 장비는 언제나 편리성을 기준으로 발전되어왔다. 의료 기기는 개인 PC의 하드웨어나 소프트웨어와는 비교가 불가능할 정도로 높은 수준의 복잡성, 정교함, 안정성이 필요하다.

지금까지 의료 기기는 대부분 MS 운영체제를 기본으로 개발되어왔다. 그런데 MS 운영체제를 기반으로 만든 의료 기기는 의사들에게 친숙하지 못했다. 사용자인 의료인의 효율과 이해를 떨어뜨린다는 지적이 나온다.

'만일 애플이 의료 기기의 운영체제를 디자인한다면?' 하는 생각을 해본다. 복잡한 데이터를 쉽고 안정적으로 구현한다면 의료 기기에서 계속해서 발생하는 각종 오차 등을 현저히 줄일 수 있지 않을까 싶다. 이것이 바로 IT와 BT(Biology Technology, 생명공학)의 성공적인 융합을 위한 하나의 단추라고 생각한다.

업무 효율과 경쟁력을 높이는 스마트폰

넥센타이어 회장

강병중

최근 국내 기업들이 전사적으로 임직원에게 스마트폰을 지급하고 있다. 시간과 장소에 구애받지 않고 다각적인 커뮤니케이션이 가능한 모바일 오피스(움직이는 사무실) 환경을 조성하여 업무의 효율을 높이고 사업 경쟁력을 강화하기 위함이다.

언제 어디서든지 회사 업무에 필요한 프로그램이 탑재된 스마트폰만 꺼내면 이메일 확인부터 결재, 고객 관리 등 사무실에 앉아서 일하는 것과 같은 환경을 만들 수가 있다. 이러한 스마트폰의 활용을 통해, 제조공장의 공정 및 설비의 관리가 실시간으로 가능해지며 생산 현장에서 발생한 문제나 긴급한 의사 결정이 필요한 사안이 생길 경우 신속한 대응이 가능하다. 영업 또한 현장에서 제품의 재고를 확인하고 발주를 낼 수 있는 등 업무의 효율을 극대화할 수 있다. 더불어 시장의 새로운 트렌드를 실시간으로 확인하고 취합함으로써 고객의 니즈에 부합하는 최선의 의사 결정을 내릴 수 있다.

이는 다변화된 현대 시장에 빠르고 정확하게 대처할 수 있는 스피드 경영에도 부합한다. 즉 의사 결정의 스피드와 정확도에 따라 사업 경쟁력이 결정되는 시대가 도래한 것이다.

반면 스마트폰으로 상시 업무 처리를 할 수 있어 유연성과 생산성은 높아지지만, 업무 처리 및 의사 결정 스피드에 대한 부담감, 퇴근 후 업무 연장으로 인한 임직원의 사기 및 효율성 저하 등의 새로운 문제가 대두될 수 있다.

이러한 문제점에도 불구하고 스마트폰의 업무 적용도는 높아지고 있다. 이러한 현상은 빠르게 변화하는 시장 상황과 소비자의 기호에 대처하기 위한 기업의 불가피한 선택으로 여겨지는 만큼 시작 단계에 불과한 모바일 오피스 환경 구축이 다양한 산업 분야에 적용될 것으로 보인다.

애플 쇼크, 대한민국을 흔들다

한국 휴대폰 시장에서 삼성전자와 LG전자의 시장점유율은 90%에 육박한다. 모토로라 등 세계 유수의 기업이 진입을 시도했지만, 이 둘을 넘지 못했다. 이 둘의 역사가 곧 한국 휴대폰 시장의 역사라 할 수 있다.

삼성전자. 21세기 국내 최고의 기업이다. 세계인이 '한국'은 몰라도, '삼성'은 알 정도다. 지배 구조 등의 문제로 논란의 대상이 되긴 하지만, 능력 면에서 존경받는 기업임에 분명하다. 한국 경제에서 삼성전자가 차지하는 비중은 절대적이다. 삼성전자 주식의 시가총액은 한국 증시의 15% 안팎에 이르며, 유가증권시장(코스피)과 삼성전자는 거의 동일하게 움직인다. 삼성전자의 주가 흐름이 곧 한국의 주가 흐름이라고 말해도 과언이 아니다.

휴대폰 시장에서는 국내 최고의 브랜드인 '애니콜'을 갖고 있다. 아이폰 출시 직전 달인 2009년 10월의 시장점유율은 무려 56%에 달했다. 이러한 시장 지배력 하에 당연한 결과겠지만 2009년 가장 많이 팔린 휴대폰 1위와 3위가 삼성전자 제품이었다. 국내 휴대폰 시장에서 삼성전자의 절대적인 위상을 흔들 경쟁자는 없어 보였다. 굳건한 국내 시장 지배력을 토대로 세계에서 노키아와 1위 자리를 놓고 경쟁을 벌이는 게 어울려 보였다.

LG전자. 삼성전자 못지않은 기업. 세계 속 위상도 삼성전자와 용호상박이다. LG전자는 한국뿐만 아니라 세계 속에서 높은 위상을 보여주고 있다. 냉전 시대, 힘의 한 축인 소련의 권력자가 머물던 크렘린 궁전. 이 궁전은 여전히 세계의 이목이 집중되는 장소이면서 러시아로 향하는 관광객들이 꼭 찾는 명소 중 하나다. 이 부근에 자사 광고판을 달기 위해 전 세계 기업이 경쟁하는 것은 당연하다. 특히 궁전 바로 앞은 광고효과 측면에서 명당자리다. 2002년 모스크바를 찾았을 때, 이곳에서 봤던 익숙한 로고의 물결이 아직도 눈에 선하다. 바로 빨간 LG의 로고였다.

'싸이언'이라는 유명 브랜드를 갖고 있는 LG전자는 국내 휴대폰 시장에서 삼성전자의 뒤를 잇는 2위지만, 높을 때에는 점유율이 30% 선을 넘기도 한다. 마찬가지로 견고히 다진 시장 지배력에 감히 대응할 이가 없어 보였다.

그러나 외국 휴대폰 하나가 국내에 상륙하고는 상황이 달라졌다. 우리의 애니콜과 싸이언이 이렇게 힘없이 무너지다니. 최고라는 찬사만 받던 삼성전자와 LG전자의 휴대폰 기술력은 순식간에 2류가 되었다. 새로운 침입자를 따라가는 데 정신이 없다. 그들은 더 이상 길을 만들어가는 리더가 아니다.

이 외국폰은 통신업계도 뒤집어놓았다. 통신업계에서 한동안 불가능한 영역으로 여겼던 무선인터넷 시대가 열린 것이다. 그동안 소비자 입장에서 휴대폰을 통한 무선인터넷은 엄청난 요금 때문에 말 그대로 '그림의 떡'이었다. 그런데 아이폰을 필두로 스마트폰 시대가 열리면서 무선인터넷이 휴대폰 경쟁력의 척도로 떠올랐고, 이동통신사들은 앞장서 무선인터넷서비스에 나서게 된 것이다.

뿐만 아니다. IT산업의 무게중심을 온라인에서 모바일로 바꾸는 등 한국 시장에서 새로운 길을 만들어내고 있으며, 그 영향력은 경제·산업 분야뿐만 아니라 사회·문화 영역에까지 미치고 있다. 리더들은 너도나도 아이폰 만든 회사를 배워야 한다고 강조하고, 아이폰을 만든 괴팍한 CEO는 한국인이 본받아야 할 롤모델이 되었다.

세계 최고인 줄 알았던 삼성전자와 LG전자가 한 방에 나가떨어지자 상처 입은 대한민국의 자존심은 그 원인을 찾기 시작했다. 휴대폰에서 시작된 원인 찾기는 IT산업 전반으로 확산된다. 대기업과 정부는 기존의 방향이 틀렸음을 깨닫고 부랴부랴 전략을 수정하고 있다.

이 모든 변화를 일으킨 장본인이 바로 아이폰이다. IT 강국 한국이 낯선 IT 기기 하나에 요동치다니, 가히 '애플 쇼크'라 할 만하다. 애플 쇼크 후 '애플처럼 되자'는 구호가 난무했다. 다시 말하지만, 낯선 기기 하나 때문에 말이다.

필자는 이 대대적인 사건을, 훗날을 위해 기록할 가치가 있다고 판단했다. 그리고 무작정 취재에 들어갔다. 관련 기사 스크랩을 시작으로 애플과 아이폰에 관련된 각종 자료를 수집해나갔다. 보다 구체적인 기록을 위해 IT와 통신 분야도 공부했다. 관련 업계에 정통한 교수들을 찾아가 자문도 구했다. 아이폰 상륙 전후로 휴대폰과 이동통신사 간 물밑에서 벌어졌던 치열한 전투상을 묘사하기 위해 관련 기업과 그 기업들을 전담하는 증권사 애널리스트를 쫓아다녔다. 빈 공간은 해당 기업과 애널리스트 그리고 전문가들을 대상으로 한 취재를 통해 메웠다.

취재 초기에 '작업을 지속해야 하나'를 두고 한동안 고민했다. 나 자신이 IT 전문가가 아니기 때문이었다. 전문성의 한계로 본질에 접근하지 못하고 수박 겉핥기 식의 결과물이 나올 수도 있다는 걱정이 들었다. 한 달 가까이 고민한 끝에 부족한 전문성을 발품으로 해결하자는 결론을 내렸다. 오히려 전문가가 아니기 때문에 기존 분석과 다른 새로운 각도로 애플 쇼크를 바라볼 수 있었다. 자료와 취재 내용을 정리하면서 일반 독자들도 이해할 수 있을 만큼 가능한 한 쉽게 써내려갔다. 내가 이해하지 못하는 부분은 독자들도 이해하지 못할 것이라는 생각에 2차, 3차 추가 취재를 계속했다. 결과적으로 IT 전문가가 아니라는 콤플렉스는 오히려 약이 됐다.

애플 쇼크에 따른 영향을 담기 위한 큰 틀은 재무학에서 가져왔다. 증권 시장에서는 하나의 뉴스가 해당 종목의 주가에 미친 영향력을 잴 때, 사건 전후 일정 기간의 주가 추이를 살핀다. 뉴스를 통한 공식 발표 전에 정보가 외부로 새면 공식 발표는 주가를 올리는 데 큰 힘을 못 쓴다. 반대로 알려지지 않은 뉴스는 증시에서 엄청난 파급력을 발휘한

다. 호재성 공시가 발표됐을 때 주가가 상한가로 곧바로 치솟는 게 그
런 예다. 증시에서 미처 인식하지 못했던 뉴스는 주가에도 후폭풍을
일으킨다.

필자는 기록의 시작점을 아이폰에 대한 한국 언론들의 관심이 본격
화되기 시작한 아이폰 3GS 발표 때로, 도착점은 애플 쇼크 후 한국 정
부가 그에 대한 피드백으로 소프트웨어 산업 육성책을 발표한 때로 정
했다.

또한 자료와 취재를 통해 사실 여부를 구체적으로 확인한 부분만 기
술하려 애썼다. 가능한 한 시간 순서대로 작성했으나 이해를 돕고 강조
하기 위해 일부분에서는 앞서 한 말을 반복하기도 했고 시간 순서를 뒤
바꾸기도 했다. 미래 전망은 전문가들의 분석과 각종 문헌을 참고했다.

이 책에는 아이폰이라는 외부 침입자를 상대로 벌어지는 기업들의
공방전, 시대를 읽고 준비하는 기업과 그렇지 못한 기업의 흥망성쇠,
변혁의 시대에 살아남는 자와 도태되는 자의 차이, 시대의 변화를 따
라잡지 못하는 정부의 각종 정책, 온라인 시대에서 모바일 시대로 급
격히 변화하는 한국 사회의 모습 등 애플 쇼크로 인한 한국 사회의 출
렁임이 시간순으로 정리돼 있다. 더불어 아이폰에 이어 또 다른 애플
쇼크를 안겨줄 '아이패드'로 인해 예상되는 한국 사회의 변화상을 전
망해봤다.

각 분기점마다 주요 사안을 중심으로 이야기를 풀어갔다. 특히 기술
과정에서 소설에서 흔히 사용되는 추보식 구성과 갈등 관계를 차용해,
IT 이야기지만 흥미진진하게 느낄 수 있도록 애썼다. IT 분야는 딱딱

해서 읽기 싫다는 이들도 쉽게 책장을 넘길 수 있을 것이다. 전문용어는 주석 등을 통해 가능한 한 세세하게 설명하려 했다.

호기심과 사명감만 갖고 감행한 시도를 출판으로까지 연결시켜준 더난출판사 편집진들께 감사드린다. 일상의 업무를 방해하지 않는 선에서 추가적으로 해야 하는 일이었고, 홀로 모든 일을 끌고 가야 했기에 작업 내내 외롭고 고됐다. 힘겨워할 때마다 초고를 함께 봐주면서 조언과 격려를 해준 예비 출판인이자 하나밖에 없는 동생 은지에게 감사의 말을 전하고 싶다.

원고의 사실 여부를 두고 들어오는 반론은 추가적으로 반영할 계획이다.

2010년 4월

김대원

Smart Society, 아이폰이 만든 세상

 **휴대폰의 역사가 바뀐다**

휴대폰의 역사는 아이폰 출시 전과 아이폰 출시 후로 나뉘었다. 아이폰 출시 전, 정확하게는 스마트폰이 무슨 물건인지 몰랐을 때 한국인에게 첨단 휴대폰의 기준은 액정화면의 화질, DMB와 영상통화 가능 여부, 디지털카메라의 화소 정도였다. 요금 폭탄을 각오해야 하는 무선인터넷은 휴대폰에 없는 기능이나 다름없었다. 2008년 기준으로 무선 데이터 정액 요금제에 가입한 휴대폰 사용자는 전체의 10.8%에 불과했다. 이는 10명 중 1명만이 휴대폰으로 인터넷을 사용한다는 의미로, 일본(41%)에 비해 4분의 1 수준에 불과했다.

그렇다면 무선인터넷 요금제에 가입한 이들은 PC에서 쓰듯 인터넷을 썼을까? 그렇지 못했다. 대부분이 액정화면을 꾸미거나 음원을 내려받기 위한 목적으로 썼다. 인터넷의 바다에서 마음대로 헤엄치지도 못하고 이동통신사가 만들어놓은 틀 안에서 제공되는 정보만을 취했을 뿐이다. 이동통신사들은 무선인터넷을 통해 제한된 정보만을 전달했고 그들의 위세는 대단했다. 콘텐츠업체들이 "이동통신사 담당자에게 밉보이지 않으려 온갖 노력을 했다"고 말할 정도다. 자신들의 이동통신서비스에 탑재 여부를 결정하는 권한으로 콘텐츠업체를 쥐락펴락한 것이다.

상당수 한국인들은 휴대폰을 통한 인터넷 사용이 거의 불가능할 거라 생각했다. IT 강국인 우리나라가 못하면 다른 나라에서도 쉽지 않을 것이었다. 한국은 시속 100km로 움직이는 차 안에서도 끊임없이 인터넷을 쓸 수 있는 와이브로(WiBro) 기술을 가진 나라 아니던가. 따라서 무선인터넷 요금이 비싼 것은 고도의 기술이 필요하기 때문이라 믿고 당연하게 받아들였다.

그러나 애플사의 아이폰이 등장한 이후, 우리의 믿음은 이내 사라졌다. MP3플레이어와 컴퓨터만 만들던 애플이 만든 휴대폰이 감히 삼성전자의 애니콜, LG전자의 싸이언에 비견되겠느냐 했지만, 아니었다. 아이폰에 비교하면 둘이 합쳐 휴대폰 시장의 약 80%를 차지하던 삼성전자와 LG전자의 스마트폰은 초라했다. 삼성전자의 간판 휴대폰인, '옴니아2'는 아이폰에 힘을 못 썼다. 단 이틀 동안의 아이폰 사전 예약률이 옴니아2를 넘어섰다. 아이폰 가입자는 예약판매 이틀 만에 2만 7,000명에 달했고 아이폰보다 한 달 앞서 출시된 옴니아2의 판매량은 2만 대에 불과했다.

이동통신사들은 아이폰이 인기를 끌어봤자 협소한 국내 스마트폰 시장에서 골목대장 행세 정도나 할 것으로 내다봤다. 2009년 6월 기준 스마트폰 사용자 수는 40만 명에 불과했기 때문이다.

그런데 아이폰은 스마트폰 시장 자체를 키운다. 국내 시장에서 3%에 불과했던 스마트폰의 비중이, 아이폰 출시 일주일 만에 19%까지 치솟았다. 그리고 놀랍게도 출시 100일 만에 아이폰은 홀로 40만 대의 판매고를 올린다. 직전 연도의 시장 규모만큼 판매된 것이다.

일부 얼리어답터들의 극성이라고 보기에 아이폰 출시 이후 변화의 물결은 너무나 거셌다. 아이폰 열기가 확산되는 걸 막기 위해 기존 맹주인 삼성전자와 SK텔레콤이 대대적인 마케팅 전략을 동원했지만 성과는 없었다. 두 기업의 PR 파워는 국내에서 단연 독보적인 수준임에도 아이폰을 깎아내리는 네거티브 전략은 오히려 역효과를 내, 아이폰을 향한 사용자들의 충성도를 더욱 공고하게 했다. 배터리 수명이 짧다거나 애프터서비스 체계가 엉망이거나 해킹에 취약할 수 있다 등등의 단점도 아이폰의 열풍을 꺾진 못했다.

무선랜을 토대로 한 스마트폰이 대세가 되자 이동통신사들은 그제야 관련 시스템 갖추기에 나선다. 아이폰 출시 후 100일이 지나자 각 이동통신사들은 "일반 휴대폰에서도 무선랜이 되게 하겠다", "노트북 등 다른 기기에서도 수월하게 무선랜을 쓸 수 있도록 하겠다"고 밝힌다. 겨우 100일 만에 말이다. 못하는 게 아니라 안 하는 것이었다.

기업은 이윤 추구를 위해 존재하는 집단이다. 득실을 따져봐서 취할 것은 취하고 버릴 것은 버린다. 그러나 외부에서 아이폰이 들어온 후 그들은 재빨리 말을 바꾸었고 그런 이통사의 모습에 소비자들은 배신감을 느꼈다. 그동안 이동통신 3사의 독과점 구도 속에서 소비자의 권익은 뒷전으로 미뤄져왔던 것이냐는 질타가 쏟아졌다.

IT업계에도 지각변동이 일어났다. 온라인 중심의 비즈니스가 모바일 중심으로 빠르게 재편되면서 포털사이트의 절대 고수인 NHN(네이버)도 흔들린다. 50%가 넘는 시장점유율로 포털의 주요 수익원인 검색 광고와 게임에서 막강한 영향력을 행사하던 포털계의 1위 NHN이 2위 업체 다음(Daum)에 한 방 먹은 것이다. 아이폰 출시로, 다음이 미래의 대세로 여기고 준비하던 모바일비즈니스 시대가 열리자 NHN도 부랴부랴 모바일비즈니스 사업 체계를 갖춘다.

미디어는 온라인 시대에 머뭇대다가 포털에 빼앗긴 위상을 되찾기 위해 모바일에 힘을 쏟는다. 아이폰용 애플리케이션을 앞다퉈 만들고 편집국 내에 모바일 전담 부서까지 설치한다.

산업이 요동치니 증시도 급변했다. 아이폰주 혹은 스마트폰주로 묶인 주식들은 심하게 출렁였다. 스마트폰 수혜주로 분류된 한 코스닥 종목은 증시에 상장한 지 한 달도 안 돼 공모가의 3배 이상으로 주가가 뛰기도 한다.

한국 사회는 아이폰을 통해 전달된 애플 파워의 원천을 고민하기 시작한다. 하드웨어가 아닌 소프트웨어가 시대를 이끌고 있음을 깨달은 것이다. 아이폰은 소프트웨어에 무심했던 이명박 정부도 뒤흔들고 있다. 전 세계 IT 시장에서 소프트웨어가 차지하는 비중은 30%, 하드웨어는 22.4%로 대세는 소프트웨어였다. 그러나 우리 정부의 정책은 하드웨어에 집중돼 있었다. 결과는 하드웨어와 소프트웨어의 경쟁력 괴리로 나타났다. 2010년 1월 발표된 경제협력개발기구(OECD)의 '과학·기술·산업 지수 보고서'에 따르면, 한국의 정보통신 투자 비율은 21개국 가운데 16번째였다. 소프트웨어 투자 비율은 21개국 중 21위, 즉 꼴찌였다. IT 총생산액 중 하드웨어의 비중은 73%인 데 반해, 소프트웨어는 8%에 불과했다.

IT 강국 한국 정부의 역주행을 애플이 일깨워준 것이다. 정부의 수장인 이명박 대통령은 "한국에서도 스티브 잡스와 같은 성공 사례가 나와야 한다"며 소프트웨어 산업을 키우기 위해 3년간 1조 원의 예산 투자를 결정한다.

 ## 삼성전자가 왜 애플에 밀렸을까

이쯤에서 또 다른 화두가 떠오른다. 세계 속에서 승승장구하는 삼성전자가 왜 애플에 밀렸을까? 이는 대기업을 다시 돌이켜 보자는 반성론으로 전개된다.

그동안 한국의 대기업은 비용과 생산성이라는 두 축을 중심으로 달려왔다. 중소기업을 밑에 둔 수직적인 계층구조 속에서 최소 비용으로 최대 효율을 끌어내는 게 주 전략이었다. 또한 글로벌 기업이 시장을 만들면 국내에서 낮은 원가로 더 좋은 품질의 제품을 생산하는 '2등 전략'도 한국 기업의 전략 중 하나였다. 이 부분에서 한국 기업은 탁월한 자질을 발휘해 늦게 출발하지만 결승선에 반 발 앞서 도착하는 성과를 보였다. 이를 통해 세계적 기업으로 우뚝 설 수 있었다.

하지만 이 전략으로는 절대 애플을 이길 수 없다. 전문가들은 2등 전략이 하드웨어가 중심이던 과거에는 먹혔지만 소프트웨어 시대에는 통용되지 않을 수 있음을 경고했다. 구글, 애플 등 전 세계의 주목을 받고 있는 기업들이 이전과는 전혀 다른 기업을 만들어가고 있는 동안 한국의 대기업들은 현재에만 안주하며 20세기 사고방식으로 기업을 운영하고 있다는 점에서 나오는 우려다.

아이폰은 비즈니스 환경도 변화시킨다. 기업은 업무 체계를 모바일 중심으로 바꾼다. 휴대폰만 있으면 어디든 사무실이 될 수 있다는 효율 중심의 사고에서다. 바뀐 사무 환경에 대처하지 못하면 어떤 신세가 되는지 잘 아는 40대 중년들은 생존을 위해 비싼 돈을 들여 아이폰을 산다. 생애 처음으로 터치스크린 보호막을 산 뒤 입김을 호호 불어가며 정성 들여 붙이기도 한다.

'엣지 있게' 보이려는 강남의 아주머니들은 자신을 돋보이게 해줄 머스트 해브 아이템으로 아이폰을 구입하고, 유행을 선도하는 패션업계에서도 아이폰의 이미지를 자신들의 브랜드에 끌어들이려 노력한다.

아이폰 출시 후 트위터도 보편화되었다. 스마트폰이 저변까지 확대된 미국 등에서 트위터는 이미 주요 의사소통 수단으로 자리 잡았다. 마이클 잭슨의 사망 소식을 특종으로 전 세계에 가장 먼저 전한 것도 트위터였다. 반면 PC에서 미니홈피나 블로그 덧글 등을 통해 커뮤니케이션을 해온 국내 사용자에게 140자 안에서 정보를 교환하는 트위터는 큰 매력이 없었다. 그러나 스마트폰이 활성화되면서 실시간으로 짧게 정보를 업데이트할 수 있는 트위터는 카페, 블로그, 미니홈피에 이어 한국 사회의 새로운 의사소통 도구가 되고 있다.

애플 쇼크는 아이패드 공개 이후 한층 배가된다. 출시 전인 아이패드가 불러올 2차 쇼크의 크기는 아직 가늠할 수 없다. 그러나 상업적으로 많이 팔리지 않더라도 그 파장은 아이폰 못지않을 것으로 예상된다. 하드웨어에서 소프트웨어로의 패러다임 전환을 가속시키고, 실버 세대를 IT로 인도하고 기존 IT 기기와의 융합을 촉발시켜 종전과는 전혀 다른 형태의 IT 문화를 형성할 것이라 기대된다.

이 아이패드의 도래로 미디어업계는 새로운 도전에 직면하게 될 것이다. 향후 미디어 경쟁은 새로 개척해 넓게 차지한 영역 위에 자신의 비즈니스를 세워가는 방식으로 전개될 확률이 높다. 이렇게 되면 선발 기업과 후발 기업 간의 차이는 일차원적인 형태가 아니라 삼차원적으로 벌어지게 될 것이다. 따라서 아이패드에 어떻게 적응하느냐에 따라 미디어의 미래 모습이 좌우된다고 말할 수 있다.

한 호흡으로 정리했는데도 아이폰을 통한 애플 쇼크의 여파는 이처럼 방대하다. 쇼크는 왔다. 이를 통해 앞서가고 있는 줄만 알았는데 뒤처지고 있음도 깨달았다. 그리고 왜 그런 문제가 있는지도 알았다. 또 미래는 전혀 다른 형태로 올 수 있음을 절실히 깨달았다. 지금 바로잡지 않으면 머지않은 미래에는 선진국, 선진 기업의 등만 바라보는 신세로 전락할 수 있다.

문제는 기득권 세력이 자신의 기득권을 잃을 각오로 새로운 패러다임에 몸을 맞춰야 한다는 것이다. 기업과 나라가 미래보다는 현재의 안위를 생각해 버티기 전략을 구사한다면 도전 영역인 동시에 미래 성장 동력인 콘텐츠와 창의성은 더 이상 개발되지 않을 것이다. 기업들은 항상 도전자의 입장에서 시장점유율 확장이 아니라 트렌드를 전복할 생각으로 시대에 맞서야 한다. 정부도 정치적인 계산하에 IT 정책을 세웠던 구습에서 벗어나 미래를 보고 대승적인 관점에서 짜나가는 모습을 보여야 할 것이다.

차례

1부　아이폰을 보면 미래가 보인다

1장　애플이 진화하면 우리도 진화한다

2장　스티브 잡스와 팀 쿡

2부 아이폰의 한국 습격 스토리

3부 아이폰의 점령, 한국을 바꾸다

8장 애플 쇼크 후 일주일 _ 소녀시대보다 애플이 좋아

9장 애플 쇼크 후 한 달 _ Just like iPhone

10장 애플 쇼크 후 두 달 _ 한국 대기업에 위기가 왔다

11장 애플 쇼크 후 석 달 _ 소프트웨어에 무심하던 정부를 움직이다

Apple
Shock

1부

아이폰을 보면 미래가 보인다

- **1장** 애플이 진화하면 우리도 진화한다
- **2장** 스티브 잡스와 팀 쿡

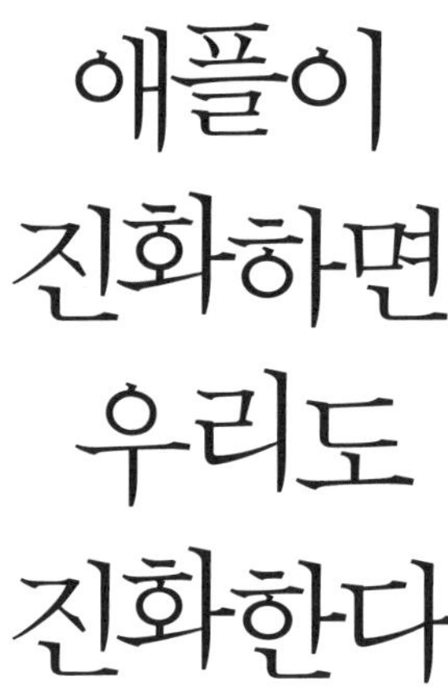

애플이
진화하면
우리도
진화한다

한반도를 뒤흔드는 아이폰, 그 기능을 한번 분해해보자. 삼성전자의 옴니아2보다 화질이 떨어지고 영상통화도 안 된다. 휴대폰에 딸린 인터넷 기능은 이미 우리에게 익숙하다. 비싸서 못 썼을 뿐이다. 터치스크린 기능? '햅틱' 때부터 국내에 도입되었다. 일정관리 기능도 마찬가지다. 수많은 소비자들이 사용했지만 소리 없이 사라진 PDA폰에서 이미 맛봤다. 게다가 외국에서 생산되는 제품인 만큼 애프터서비스도 삼성, LG 등 국내 브랜드보다 훨씬 번거롭다. 기능만 보면 아이폰이 기존 휴대폰보다 뭐 하나 나은 게 없는 듯하다. 그런 아이폰이 상륙한 뒤 한국이 흔들리고 있다. 대체 왜?

 ## 국산보다도 못한데 왜 아이폰일까

아이폰은 스마트폰의 일종이다. 스마트폰이란 PC의 고급 기능을 덧붙인 휴대폰을 일컫는다. 애플도 아이폰을 이렇게 소개한다. "단순한 휴대폰이 아니다. 아이폰에는 3가지 기기가 하나로 결합되어 있다. 바로 혁신적인 휴대폰, 와이드스크린 '아이팟(iPod, 동영상 기능을 갖춘 MP3플레이어)', 그리고 혁신적인 인터넷 기기다."

또한 정전기를 인식하는 멀티터치(Multi-touch) 기능으로 입력이 자유롭고 두 손가락을 벌리거나 좁히면서 화면의 지도나 웹페이지를 확대·축소할 수 있는 최적의 시스템을 구축했다.

그러나 '폰(전화)' 기능만 놓고 보면 기존 휴대폰과 별다른 차이가 없다. 오히려 영상통화가 지원되지 않기 때문에 통화 기능에서는 퇴보했다고 할 수 있다. 통화 목록도 발신과 수신 기록이 따로 정렬되는 국내 휴대폰과는 달리 한곳에 몰려 있어 수신된 전화인지 발신된 전화인지 확인할 길이 없다. 부재중 전화를 확인하기는 더더욱 어렵다.

문자메시지도 마찬가지. 천지인 등 기존 휴대폰 문자 입력 방식에 익숙한 사용자들이 작은 컴퓨터 키보드로 구성된 새로운 입력 방식에 적응하기란 쉽지 않다. 화면에 뜨는 문자 입력 버튼이 작아서 오타가 나기도 쉽다. 전송 취소 버튼도 없어 잘못된 문자메시지를 도중에 취소할 수 없다. 얼리어답터들은 아이폰 위쪽에 있는 '잠자기 단추'를 이용하면 된다고 하지만 제대로 적용하고 있는 사람을 본 적이 별로 없다.

통화 내역도 선택 삭제를 할 수 없다. 하나를 지우면 전부 다 지워진다. 이러한 특성 때문에 다음과 같은 유머도 돌았다.

영상통화가 지원되지 않는다는 점에서 아이폰 출시 당시 한국의 중년 남성들이 쌍수를 들고 환영했다. 술집에서 '사무'를 보는 한국 중년에게 그동안 영상통화는 부인의 CCTV와 마찬가지였기 때문이다. 그래서 3G˙ 휴대폰이 확산된 이후에도 영상통화가 안 되는 2G폰을 고집하는 남성도 상당수였다. 이들에게 영상전화가 안 되는 새로운 3G 휴대폰인 아이폰 출시 소식은 'Olleh(올레)!'라고 외칠 일이었다. 그러나 이내 그들은 비보를 접한다. 통화 내역이 선택 삭제가 되지 않는 것이다. 행여 부인 몰래 다른 여성과 통화한 기록을 지우려면 통째로 지워야 한다. 증거 인멸하려다 괜한 의심을 사기에 딱 좋은 휴대폰인 것이다. 아이폰에 대한 미련을 끊게 만드는 결정적인 루머가 돈다. 바로 골프 황제 타이거 우즈도 아이폰의 통화 내역을 지우지 않아 바람피운 사실이 걸렸다는 루머였다(타이거 우즈가 아이폰을 쓴다는 사실에 착안해 일부 네티즌들이 만든 소문으로 추정된다).

전화는 그렇다 치고 이제 MP3플레이어 기능을 보자. 아이폰은 전화 기능만 빼면 아이팟터치와 다를 게 없다. 아이튠즈(iTunes)라는 특정 프로그램을 써서 음악 및 영상 파일을 올리고 내려야 한다. "아이튠즈가 불편해"라고 투정 부리면, 애플은 "익숙해지면 편하다"고 말한다. 그러나 확실히 처음 쓰는 사람에게 아이튠즈는 불편하다. 신문에서

3Generation, 즉 3세대의 약자. 1970~80년대 아날로그 휴대폰을 1세대, 1990년대 이후의 디지털 휴대폰을 2세대로 부르며, 3세대 휴대폰은 이보다 한 차례 진화한 것으로 요즘 나오는 휴대폰 대부분이 여기에 속한다. 3G폰의 데이터통신은 반경 2~3km 안에 있는 기지국이나 중계국을 통해 무선으로 정보가 오고가는 방식으로 이뤄진다. 요금이 비싼 이유는 3G 서비스를 위한 기지국 및 중계국 등 시설 투자 비용 때문이다. SK텔레콤과 KT는 관련 시설을 위해 5조 원 이상 쓴 것으로 알려졌다.

'아이튠즈 사용법'이라는 가이드성 기사를 내보냈을 정도다. 관심과 노력이 없다면 절대로 애플의 제품을 제대로 활용할 수 없다. 새로 뭔가를 배우거나 복잡한 것을 싫어하는 이들에게 아이튠즈는 분명 '아주 높은 진입 장벽'임에 틀림없다.

또한 아이폰에는 고가의 휴대폰이 필수적으로 갖춰야 하는 덕목인 DMB(Digital Multimedia Broadcasting) 기능도 없다. 휴대폰으로 DMB를 보는 것은 고가의 휴대폰을 쓰는 사람만이 누리는 사치라고도 할 수 있었다. 그런데 아이폰은 DMB도 안 되는데 비싸기는 DMB폰만큼 비싸다.

 ## 공짜 인터넷이 승부수였다

이렇게 기존 기능에서 번번이 밀리는 아이폰의 승부수는 무엇일까? 모순되게도 아이폰은 휴대폰으로서의 매력으로 고객을 유혹하지 않는다. 휴대폰 외의 '새로운' 기능으로 고객을 유혹한다. 첫 번째가 바로 획기적인 인터넷 기능이다.

아이폰은 빠른 3G 및 무선랜(Wi-Fi, 와이파이)에 연결하여 이메일, GPS가 내장된 지도, 웹브라우저인 사파리(Safari)를 사용할 수 있다. 구글과 야후 검색 기능도 내장되어 있다. 물론 기존 휴대폰에도 인터넷 기능은 있었다. 다만 엄청난 요금을 내야 했다. 멋모르고 데이터통신을 썼다가 고지서를 보고 깜짝 놀란 경험이 누구나 한두 번은 있을 것이다.

일전에 택시를 탔다가 30대 중반의 운전사로부터 "새로운 휴대폰을 산 기념으로 이것저것 누르면서 화보 몇 갤 봤더니 요금이 몇십만 원 나왔어요. 이거 통신사들이 내가 뭐 모른다고 등쳐먹는 거 아니에요?" 라는 하소연을 들은 적이 있다. 이러한 불평에 필자가 할 수 있는 답변이란 "요금 많이 나오는 거 모르셨어요? 그 기능은 실수로라도 쓰지 않도록 애당초 '잠금 상태'로 두셨어야죠"가 고작이었다. 이러한 선의의 피해자가 끊이지 않자 언론도 이 문제를 수차례 지적하고, 통신사도 요금 상한선을 두는 방책을 마련했다.

그러나 정작 휴대폰으로 싸게 인터넷을 할 수 있는 요금제는 내놓지 않았다. 이유는 간단하다. 알짜 수익원을 포기하기 싫어서다. 고객의 실수로 발생하는 거래라고 하더라도 매출이 생기는데, 이윤 추구가 최선의 목적인 기업 입장에서 '땡큐' 하며 챙기지 않을 이유는 없다.

물론 아이폰도 절대적인 요금 폭탄 안전지대는 아니다. 아이폰에서도 3G로만 인터넷을 이용하면 요금 폭탄을 맞을 수 있다. 그러나 아이폰은 무선랜을 통해 공짜로 인터넷서비스를 이용할 수 있다. 웬만한 카페, 사무실, 그리고 컴퓨터를 2대 이상 쓰는 집에서는 무선랜을 이용할 수 있다. 유선랜으로 인터넷이 연결된 PC를 중계기로 무선랜을 쓸 수도 있다. 훨씬 저렴한 가격에 휴대폰으로 인터넷을 할 수 있는 기회가 열린 것이다.

아이폰의 인기 비결은 간단하다. 무선랜 기능이다. 정부 방침에 따라 무선랜 기능이 제거된 채 판매된 중국 아이폰 시장만 봐도 알 수 있다. 일본과 한국에서는 출시 하루 전부터 구매자들이 행사장 앞에 줄을 섰으나 중국은 달랐다. 2009년 10월 30일 차이나유니콤이 애플과 연 행사는 썰렁한 기운마저 감돌았다. 이 때문에 중국에서는 아이폰 암시장이 활성화되기도 했다.

 ## 이마트보다 다양한 앱스토어

아이폰의 핵심 경쟁력 중 또 하나는 바로 앱스토어(App Store)다. 앱스토어는 애플리케이션스토어(Application Store)의 준말로, 말하자면 아이폰 및 아이팟용 소프트웨어를 사고파는 장터다. 아이폰 및 아이팟터치 사용자는 앱스토어를 통해 기기에서 사용할 수 있는 프로그램인 애플리케이션을 내려받을 수 있다.

IT업계에 떠도는 소문에 따르면 앱스토어는 스티브 잡스와 소니의 전략상 제휴의 결과다. 한국과 마찬가지로 미국에서도 불법 다운로드가 골칫거리였다. 소니 등의 콘텐츠업체는 엄청난 제작비를 들여 만든 저작물이 싼 가격에, 그것도 한 푼의 이득도 건질 수 없는 불법적인 통로로 유포되는 게 언짢았다. 그러던 중 스티브 잡스가 평소 친분이 있던 소니 사장에게 흥미로운 제안을 했다. "공식적으로 팔 수 있는 통로를 만들고 있으니 오프라인의 반값에 넘겨달라."

'반값'이 조금 걸리긴 했지만 자신들의 저작물이 공짜로 돌아다니는 상황에서 솔깃한 제안이었다. 콘텐츠업체는 반이라도 건지자는 마음에 잡스의 제안을 받아들였고, 콘텐츠를 앱스토어에 몰아줬다. 이것이 현재의 방대한 콘텐츠를 쌓을 수 있는 계기가 되었다는 것이다. 이를 통해 애플은 싼값으로 막강한 콘텐츠를 얻었고 콘텐츠 제작사들은 수익을 창출할 수 있는 공식적인 유통망을 얻었다.

방대한 규모를 자랑하는 앱스토어는 엔터테인먼트, 비즈니스, 뉴스, 스포츠, 건강, 참고 자료와 여행 등을 포함하는 20개 카테고리로 이뤄져 있다. 등록된 애플리케이션만도 10만여 개에 이른다. 그러나 이용자들이 다운로드한 애플리케이션은 2만여 개 정도다. 5개 중 4개는 자리만 차지하는 것이다. 다운로드 건수를 보면 '되는' 애플리케이션과 '그렇지 않은' 애플리케이션 간의 차이는 확연히 드러난다. 상위 5위를 기록한 애플리케이션에 다운로드 건수가 51.5%나 몰린 반면 나머지 애플리케이션은 2% 미만의 사용자들만 이용했다.

각 애플리케이션의 성적은 차치하더라도 애플리케이션을 차고 넘치

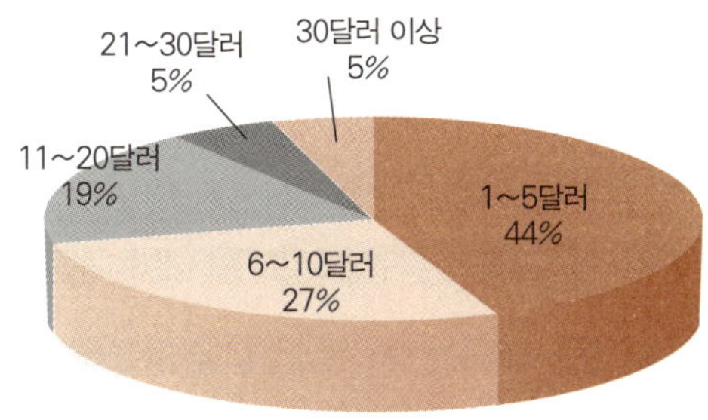

＊자료: 정보통신산업진흥원

게 하는 비결은 뭘까? 바로 누구나 올릴 수 있는 개방성 때문이다. 앱스토어는 콘텐츠 개발자에게 기회의 땅으로 불린다. 누구나 자신이 개발한 소프트웨어를 올려 팔 수 있으며, 판매 수익은 애플과 개발자가 각각 3 대 7로 나누어 갖는다. 앱스토어에서 유료 소프트웨어의 비중은 최소 25~60% 정도로 추산된다.

그렇다면 앱스토어의 애플리케이션은 기존 휴대폰 소프트웨어와 어떻게 다를까? 이제까지는 제조사와 이통사의 의도에 따라 일방적으로 소프트웨어를 제공받았다. 고객에게 선택권이 없었다. 그러나 애플은 소프트웨어를 개방해 아이폰의 단점을 보완하고 기기를 진화시킨다. 사용자들이 아이폰을 쓰다가 불편한 점을 발견하면 개발자들은 그것을 보완하는 애플리케이션을 만들어 앱스토어를 통해 팔거나 공유한다.

이 과정의 주체가 기업이 아니라는 점은 주목할 만하다. 아이폰을 공유하는 여러 주체들이 모여 진화를 만들어간다. 하나의 주체가 기기의 헤게모니를 쥐고 수직적인 업무 이관을 통해 발전을 꾀하기보다는 수평적으로 업무를 '분담'한다는 얘기다. 이는 종전까지의 문물 진화 방식과는 다른 차원의 접근이다.

상투적인 말이지만, '열심히' 하는 사람은 '즐기는' 사람을 이기지 못한다. 자발성이 그만큼 중요하다는 뜻이다. 이렇게 수평적인 관계에서 자연스럽게 생기는 충성도는 강제성을 띤 수직 관계에서는 절대 기대할 수 없는 것이다. 일단 이러한 구도를 형성하면 구심점 입장에서는 제2, 제3의 발전을 거저 이룰 수 있는 것이다. 이 부분이 바로 애플의 핵심 전략이다.

이를 앱스토어에 적용해 설명해보자. 애플은 개발자들과 사용자들이 놀 터전을 제공했다. 그리고 각 주체 간 교류가 활발하게 이뤄질 수 있도록 네트워크 관리만 한다. 콘텐츠는 각 주체들이 만들어낸다. 중간에 서서 교통정리만 해도 애플은 앱스토어 상에서 이뤄지는 수익의 30%를 거둔다. 새로운 애플리케이션으로 아이폰 만족도가 높아진 것에 대한 사용자의 충성도는 덤이다.

애플은 어떻게 돈을 버는가

2007년 1월 9일 미국 샌프란시스코 맥월드 컨퍼런스. 청바지와 검정색 긴팔 셔츠를 입은 스티브 잡스가 등장했다. 잡스의 등 뒤 스크린에는 아이팟과 닮은 형상 하나가 떴다. 잡스는 이 자리에서 "혁신적인 제품은 모든 것을 변하게 한다"며 이 제품이 휴대폰 시장에 혁명을 가져올 것이라 공언한다.

그동안 컴퓨터와 음원 및 동영상 플레이어를 만들어온 애플사는 아이팟이라는 MP3플레이어를 만들어 시장을 휩쓸었지만, 휴대폰은 다른 세상의 제품이다. 기업의 활동은 제품을 만드는 게 다가 아니다. 유통망 확보가 중요하다. 특히 통신업계는 휴대폰 제조사가 제품을 잘 만들어도 통신사가 안 팔아주면 그걸로 끝이다. 결국 네트워크 싸움이란 이야기다. 통신업계에 발도 들여놓지 않았던 애플 CEO의 공언은 처음에는 헛되게만 보였다.

스티브 잡스가 야심찬 계획을 밝힌 지 다섯 달 후인 6월 첫 상품이 출시된다. 유럽 방식인 2세대(2G) 이동통신 규격(GSM)의 4Gb와 8Gb 2개 모델이었다. 이때의 열기는 지금에 비해 비할 바가 못 됐다. 한 해 뒤인 2008년 7월 3세대 통신망용 아이폰 3G이 나온다. 이것이 아이폰 혁명의 시작이다. 앱스토어도 이때부터 시작된다. 이어 2009년 6월 기존 아이폰 3G보다 모든 기능에서 2배 이상 빨라진 아이폰 3GS를 내놓는다. 3G에 새로 붙여진 'S'는 기능이 빨라졌다는 의미로 'Speed'의 이니셜이다. 2009년 11월 국내에 들어온 모델은 아이폰 3G와 3GS다. 3G가 아이폰 열기에 불을 붙였다면, 3GS는 그 열기에 기름을 부은 격이다.

애플은 3GS를 발표하며 회사명을 '애플컴퓨터'에서 '애플INC'로 바꾼다. 더 이상 컴퓨터로 자신의 정체성을 한정시키지 않고 영역을 본격적으로 넓혀나가겠다는 것이다. 애플이 그리는 새 회사는 '가전 및 디지털 엔터테인먼트 회사'였다.

회사의 정체성을 바꾸는 데 결정적인 역할을 한 아이폰의 흥행 결과는 과연 어떠했을까? 스티브 잡스가 설정한 일차적 매출 목표는 1,000만 대였다. 미래를 본다는 스티브 잡스도 아이폰의 대박은 예상치 못한 것일까? 2007년 출시 후 이 휴대폰은 전 세계적으로 5,000만 대가 팔린다. 2008년과 2009년에는 전 세계에서 가장 많이 팔린 터치스크린 스마트폰이 되었고, 2009년 4분기에는 북미·남미·서유럽·동유럽·아시아·오세아니아·아프리카 등 7개 지역의 스마트폰 운영체제 시장에서 51%를 차지, 1위를 기록했다. 2위와 3위는 노키아의 '심비안'과 구글의 '안드로이드'였다.

아이폰은 미국 통신사의 판도까지 바꾼다. 미국 시장점유율 1위였던 AT&T는 아이폰 도입으로, 2007년 6월 0.8%까지 좁혀졌던 2위 버라이 즌커뮤니케이션스(버라이즌)와의 격차를 2008년 3월 2%까지 넓혔다.

아이폰이 애플에게 안겨다준 순이익도 엄청났다. 애플은 2009년 9~12월 매출액이 156억 8,300만 달러, 영업이익은 47억 2,500만 달 러를 기록했다고 밝혔다. 전년 동기 대비 각각 32.0%와 52.4%가 증가 한 것이다. 순이익(33억 7,800만 달러)은 전년 동기 대비 49.8%나 성장 했다. 몇 년 전까지 주요 매출원이었던 아이팟의 매출액은 8% 감소했 으니 매출을 키운 공신은 아이폰이라 할 수 있다. 아이폰 매출은 전년 동기 대비 100% 신장했으며, 33% 증가한 매킨토시 PC의 성장도 아이 폰을 보다 잘 쓰기 위한 액세서리로서의 수요가 증가한 결과로 풀이된 다. 다시 말해 애플은 아이폰 덕에 순이익을 50%나 남긴 것이다.

타사와 비교를 해보자. 보통 삼성전자와 노키아 등의 기존 휴대폰 제조사는 5,000만 대 휴대폰을 팔아 1조 원 내외의 이익을 낸다. 반 면 애플은 870만 대를 팔아 3조 9,000억 원의 이익을 냈다. 기존 휴 대폰 제조사들은 휴대폰 1대 팔아서 2만 원 벌 때, 애플은 아이폰 1대 팔아서 45만 원을 벌었다는 계산이 나온다. 수익성이 무려 22.5배에 이른다.

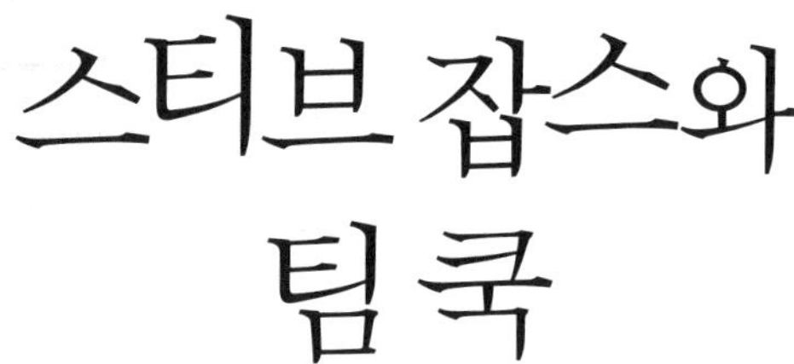

스티브 잡스와
팀 쿡

2장

"딱 반걸음만 앞서간다."

한 걸음도 아닌 반걸음의 차이는 누구도 생각 못했던 약진이다. 그 안에 함축된 의미를 깨닫고 뒤늦게 쫓아가야 하는 경쟁사에게는 복장 터지는 반걸음이다. 새로운 기술도 아니고, 기존 기술을 적당히 섞어놓은 애플의 신제품. 하지만 나올 때마다 세상을 뒤흔드는 이 회사의 원동력은 뭘까?

사람들은 말한다. "애플의 유일한 위험은 이 사람의 건강이다." 그는 바로 스티브 잡스다. 애플을 조금 더 아는 사람은 말한다. "진정 애플을 강하게 만드는 사람은 이 사람이다." 그의 이름은 팀 쿡이다.

 스티브 잡스가 바로 애플이다

애플과 아이폰을 말할 때 애플의 CEO인 스티브 잡스를 빼놓을 수 없다. 그는 대통령을 비롯한 모든 리더들이 창의성을 말할 때마다 언급하는 인물이다. 그러나 그의 창의성은 잘 알려진 대로 정규교육의 산물이 아니다. 그가 받은 교육은 현재 대한민국의 부모들이 피땀 흘려 자녀를 교육시키는 방식과는 사뭇 달랐다.

1955년 2월 24일에 태어난 스티브 잡스의 인생은 태어나기 전부터 순탄치 않았다. 그의 생모는 대학원을 다니는 미혼모였고 그녀는 혼자 힘으로 아이를 키우는 대신 입양을 선택한다. 태어나기도 전에 친부모에게 버려진 것이다. 어느 정도 경제력 있는 변호사 부부에게 입양될 예정이었으나 이 또한 뜻대로 되지 않고 고등교육을 받지 못한 아주

평범한 부부에게 입양된다. 그의 입양 조건에는 '대학 교육을 받게 해 준다'는 것이 있었다.

잡스는 입양되고 17년 후 리드 칼리지에 입학하지만 대학 교육의 허무함을 깨닫고 자퇴를 결심한다. 그 후부터 학위를 위해서가 아니라 자신의 흥미를 위해서 학교에 다닌다. 수업도 필수과목이 아닌 끌리는 수업을 청강한다. 그러던 중 필기체(calligraphy) 강좌에 매료된다. 훗날 "아름다움과 역사와 예술적 섬세함이 과학이 매료시키지 못할 방식으로 배어 있었다. 나는 그것에 매혹됐다"고 말할 정도였다. 그를 사로잡은 필기체 수업은 매킨토시 컴퓨터 디자인의 핵심이 된다.

그의 삶에서 남달랐던 것은 교육뿐이 아니었다. 그는 젊은 시절 환각제와 신비주의에 빠졌고, 선불교 신자가 되기도 했다. 사회생활의 시작도 평온치 못했다. 첫 회사는 컴퓨터게임회사인 아타리(Atari)였으나 오래 버티지 못했다. 그는 전자공학이나 컴퓨터 관련 지식이 많은 정통파 엔지니어가 아니었다. 몽상가적인 성격을 가진 데다가 잔머리까지 능했던 그에게 엔지니어 업무는 맞지 않았다.

회사를 때려치우고는 5세 위의 스티브 워즈니악과 일생일대의 사고를 친다. 1976년 애플컴퓨터를 설립한 것이다. 그의 나이 20세 때다. 차고에서 2명이 의기투합해 만든 이 회사는 10년 후 종업원만 4,000명이 넘는 회사로 성장한다.

그러나 굴곡진 인생의 대명사답게 잡스는 또 한 번의 시련을 겪는다. 승승장구하던 30세 때 매킨토시 PC를 출시하고 얼마 되지 않아 자신이 만든 애플사에서 해고당한 것이다. 워즈니악과 불화가 있었던 데다가 이사진이 등을 돌린 결과였다. "기술 발전에 대한 맹목적 비전과 취미에 대한 정열을 지닌 고집불통"으로 잡스를 몰아세운 존 스컬리도 퇴출 공신 중 하나다.

그런데 이 스컬리라는 인물이 흥미롭다. 스컬리는 전 펩시콜라의 사장으로 잡스가 당대 최대 경쟁자인 IBM을 넘기 위해 스카우트한 인물이다. 잡스는 자신이 믿고 스카우트해 온 인물에게도 배신을 당한 것이다.

천당에서 나락으로 떨어진 스티브 잡스는 넥스트라는 컴퓨터 회사와 픽사라는 애니메이션 회사를 차려 재기에 나선다. 세계 최초 컴퓨터 애니메이션 《토이스토리》를 만들어 전 세계적으로 3억 6,200만 달러를 벌어들인 픽사는 1996년 디즈니에 인수되었으며, 넥스트는 다름 아닌 애플에 1997년 팔린다. 자신의 회사가 애플로 편입된 잡스는 다시 '애플맨'이 됐고, 그해 10월 다시 CEO로 복귀한다.

CEO로 복귀하며 그가 받은 연봉은 단돈 1달러. 이 1달러짜리 CEO는 연간 10억 달러 적자를 내던 회사를 단숨에 4억 달러 흑자 회사로 바꾼다. 아이맥, 아이팟 등 연이어 히트작을 만들고, 아이폰에 아이패드까지 영역을 넘나드는 파격과 혁신을 선보였다.

스티브 잡스를 필두로 한 애플은 혁신의 대명사로 꼽힌다. 미국 경제 주간지 《비즈니스위크》와 보스턴컨설팅그룹이 선정한 '세계 50대 혁신 기업'에서 2008년에 이어 2009년에도 애플이 1위에 선정됐다.

애플의 성공 원천은 무엇일까? 이 질문에 대한 전문가들의 분석을 종합하면 한 문장으로 요약된다. 잡스가 '잘나서다'. 아이패드 출시 후인 2010년 1월 31일 《뉴욕타임스》는 "컴퓨터부터 스마트폰까지, 애플의 제품은 스티브 잡스 개인의 성격 그 자체다"라고 분석했다. 복잡한 기술을 단순하게 덜어내는 애플 기기의 미학이 스티브 잡스의 성격에 따른 결과라는 얘기다.

직원의 창의성을 이끌어내려는 잡스의 노력도 혁신성의 힘으로 분석된다. 뉴욕 패션 명문 FIT의 루빈스타인 교수는 신제품 출시마다 선보이는 스티브 잡스의 옷차림을 이렇게 설명했다. "잡스의 철학은 민주주의와의 공유다. 그는 옷으로 다른 팀원과 구분되는 걸 원치 않는다. 티셔츠와 청바지는 신념을 구현하려는 성직자의 옷차림이다." 스티브 잡스는 아이폰, 아이패드 등 신제품을 선보일 때마다 항상 운동화를 신고, 검정색 터틀넥 셔츠와 청바지를 입었다.

절묘한 타이밍에 맞춰 제품을 만들어내는 잡스의 직관도 애플의 성공비결이다. 결국 애플은 곧 스티브 잡스, 그의 능력이 발현된 결과물인 셈이다.

실제 증시도 애플을 스티브 잡스 그 자체로 보고 있다. 2006년 췌장암으로 시한부 선고를 받고 투병할 때나 2008년 말, 교통사고로 숨진 20대 중반의 기증자로부터 간이식 수술을 받을 때 주가는 요동쳤다. 그가 병가로 자리를 비운 2009년 1월 애플의 주가는 주당 78.2달러로 저점을 찍었다.

진정한 실력자 팀 쿡

"모든 게 스티브 잡스 덕분이라고? 웃기는 소리!"

스티브 예찬론에 대해 애플의 속내를 겪어본 이들은 아니라고 부정한다. 스티브 잡스의 주변에는 정말 뛰어난 사람들이 많다는 것이다. 물론 똑똑한 참모진 구성도 잡스의 작품이다. 《뉴욕타임스》에 따르면 스티브 잡스는 디자이너와 엔지니어, 매니저를 뽑을 때 극도의 엘리트주의에 기반을 두어 그냥 뛰어난 사람보다 10배 뛰어난 엘리트만을 고르는 것으로 알려져 있다. 이 핵심 팀원 중 애플 안팎에서 스티브 잡스 버금간다는 평을 받고 있는 인물이 있다.

애플의 잘난 사람, 즉 핵심 인력의 대명사는 최고운영책임자(COO)인 팀 쿡이다. 스티브 잡스가 CEO로서 애플의 큰 그림을 그린다면, 기획·추진은 팀 쿡이 맡는다. 아이팟과 아이폰, 아이패드는 스티브 잡스의 천재성과 팀 쿡의 조직 운영 능력이 융합된 결과로 풀이된다.

IBM에서 12년 동안 일하면서 북남미사업부 총괄디렉터까지 역임했던 팀 쿡은 컴팩 부사장을 거쳐 애플에 입성했다. 그를 애플로 데려온 장본인도 스티브 잡스다. 스티브 잡스는 애플의 생산, 유통, 공급 상태를 해결하기 위해 컴팩에서 조달부문 부사장과 PC부문을 책임지고 있던 팀 쿡을 데려왔다.

팀 쿡 또한 스티브 잡스 못지않게 별종이다. 이를 증명하는 유명한 일화가 있다. 애플 입사 후 한 회의 자리. "상황이 좋지 않다. 누군가 중국에 가서 이 상황을 해결해야 할 것 같다." 팀 쿡이 말했다. 그리고

30분 후 쿡의 측근이자 운영팀의 핵심 인력 사비 칸을 보고 말한다. "왜 아직 여기 있지?" 칸은 쿡의 불호령에 사무실에서 바로 샌프란시스코 공항으로 향한다.

이러한 성격의 쿡은 애플을 생산 부분에서 손을 떼게 하고 현재의 아웃소싱 시스템을 구축한다(아이폰의 외부 제작사는 대만의 팍스콘이다). 또한 재고를 줄이고 생산 공정을 혁신적으로 바꾸고 수익성을 대폭 높였다. 애플 안팎에서는 애플로 복귀한 스티브 잡스가 1년 만에 회사를 흑자 전환시킨 그 배경에는 팀 쿡이 있었다고 분석한다. 팀 쿡은 스티브 잡스가 2004년, 2009년 병가로 자리를 비웠을 때 대신 애플을 이끌기도 했다.

팀 쿡의 연봉은 그 누구보다 많다. 임원도 비할 게 못 된다. 2010년 연봉은 2009년보다 13% 인상된 60만 달러다. 최고재무책임자(CFO)인 피터 오펜하이머, 소매점 총괄책임자인 론 존슨보다 10만 달러 더 많은 연봉이다. 또한 500만 달러의 상여금과 1,700만 달러 상당의 제한 주식•을 받는다. 이는 스티브 잡스가 병가로 자리를 비운 6개월간 애플을 이끈 노고가 고려된 조치로, 스티브 잡스가 직접 제안한 것이다.

스티브 잡스의 연봉은 애플 복귀 후 현재까지 13년째 1달러다. 그렇다고 잡스가 빈손의 사나이는 아니다. 2010년 현재 애플 주식 542만 6,999주를 보유하고 있는 것으로 알려졌다. 2003년에는 1,000만 주를

• 경영자에게 일정 수의 주식을 지급한 뒤 일정 기간 이 주식의 처분에 제한을 가하는 방법이다. 기업의 주가 상승에 따라 경영자도 더불어 성과급을 받게 되는 셈이다. 경영자를 대상으로 한 인센티브 부여 방법 중 하나로, 경영자가 스스로 기업을 떠나지 못한다는 조건이 붙는다.

갖고 있었으나 납세 등을 이유로 주식을 팔아 보유 지분이 절반 정도로 줄었다. CNN머니는 잡스의 보유 재산을 약 60억 달러로 추정했고, 《포브스》는 55억 달러로 계산, 그를 세계에서 136번째 갑부로 꼽았다.

팀 쿡은 스티브 잡스를 이을 후계자 0순위로 꼽히지만, 세간의 전망에 정작 팀 쿡은 손사래를 친다. "스티브 잡스 자리를? 아니야. 그는 교체할 수가 없어. 받아들여야 해. 잿빛 머리를 한 70대의 스티브가 눈에 보여. 내가 은퇴한 이후에도 계속 있을걸."

탁월한 관리 능력을 인정받은 쿡은 2010년 초 미국 자동차업계의 상징인 제너럴모터스의 차기 CEO 후보 물망에 오르기도 했다.

Apple
Shock

아이폰의 한국 습격 스토리

2부

애플 쇼크
6개월 전
얼리어답터들만의
기다림

한국인에게 스마트폰은 먼 나라 얘기였다. 휴대폰으로 인터넷을 한다고 하면 엄청난 비용이 뇌리에 함께 떠올랐기 때문에 무선인터넷 시장은 전혀 관심 밖이었다. 2008년 말 기준으로 데이터 정액 요금 가입자 비중은 10.8%로 다른 국가에 비해 터무니없이 낮았다.

스티브 잡스가 아이폰을 처음 들고 나온 2007년 1월. 첫선을 보인 아이폰 2G는 유럽 통신 규격을 써서 국내에서는 쓸 수 없는 물건이었다. 그 뒤 2년간 전 세계적으로 선풍적인 인기를 끌 때도 말 그대로 남의 나라 일이었다.

모락모락 이는 국내 출시설, 앱스토어의 대박, 아이폰 대세론을 준비하는 벤처기업인의 이야기가 경제지와 전문지를 중심으로 나오는 게 전부였다. 아이폰 3GS 발표 시점이 다가오기 직전에는 얼리어답터들끼리 출시일 맞추기 놀이만 할 뿐이었다.

 ## 아이폰이 한국에 온다고?

통신업계에서는 2009년 초부터 아이폰 출시에 대한 관심이 높았다. 2009년 통신 시장 관전 포인트 중 하나로 선정될 정도였다. 시장을 들 뜨게 한 이유는 한국형 모바일인터넷 플랫폼 위피(Wireless Internet Platform for Interoperability, WIPI) 탑재 의무화 정책이 2009년 4월 1일을 기해 폐지되기 때문이었다.

위피는 무선인터넷 운영체제로서, 위피 이전까지는 이동통신업체들이 저마다의 무선인터넷 운영체제를 사용했다. 콘텐츠업체들은 한 프로그램을 각기 다른 체제로 통신사에 납품해야 했고, 이러한 낭비를 없애고자 국가 차원에서 마련한 정책이 위피다.

2005년 4월부터 효력을 발휘한 위피 탑재 의무화 정책으로 다른 무선인터넷 운영체제를 쓰는 휴대폰은 국내에 들어올 수 없었다. 아이폰, 구글 안드로이드폰 등 특정 운영체제를 쓰는 스마트폰은 들어올 수 없는 환경이었던 것이다.

왜 위피 탑재 의무화가 폐지됐을까? 시대를 거스르는 정책이라는 판단 때문이었다. 이미 전 세계적으로 각기 다른 운영체제를 탑재한 신형 스마트폰이 출시되고 있었지만 국내 소비자들은 위피의 장벽에 갇혀 새로운 스마트폰은 꿈도 꾸지 못했다.

외부 충격 자체를 원천 봉쇄했던 정부의 정책은 한국 휴대폰 제조사들이 경쟁을 할 유인을 없애는 결과를 초래했다. 해외 경쟁자의 진입을 막은 상황에서는 경쟁 자체가 성립되지 않기 때문이다. 독과점 상황에서 공급 주체들은 자신의 이익만을 챙기고 수요자의 이익은 등한시하게 마련이다. 스마트폰 시장에서 휴대폰 제조사와 이통사의 행태에서도 이 같은 상황이 재현됐다. 정부는 뒤늦게 범용 운영체제가 세계적인 대세임을 깨닫고 위피 탑재 의무화를 폐지한다.

규제 장벽이 사라지자 아이폰 도입설은 무르익었다. 만년 2위 KT가 아이폰 유치에 적극적으로 나섰다. 그러나 협상은 녹록치 않아 보였다. KT와의 합병 때문에 KTF와 애플 간 끌어왔던 협상이 물거품이 될 수 있다는 예상도 흘러나왔다. 협상의 쟁점은 데이터서비스 요금이었다. 기존에는 이통사가 단말기를 사오면 제조사와 더 이상 거래할 일이 없었다. 제조사에게 휴대폰 기기에 대한 가격만 지불하고 나면 소비자 판매와 사용 과정에서 발생하는 이익은 순전히 통신사의 몫이었다. 그러나 스마트폰은 데이터 요금이라는 수익원이 있었다. 여기에서 발생하는 이익을 어떻게 나눌지를 놓고 치열한 머리싸움을 한 것이다. 이통사 입장에서는 유례없는 요구였고 만약 애플의 요구를 수용하면 기존의 관행도 무너질 수 있는 상황이었다. 이러한 중대한 결정을 합병 전에 내릴 수 없기에 애플과 KTF 간 협상이 마냥 길어진다는 논리가 답보설이다. KT와 KTF의 합병은 2009년 6월 1일 이루어졌고, 결국 KT는 아이폰 독점권을 따낸다.

이후 이찬진 드림위즈 대표이사 등 국내 IT업계 리더들이 합병을 전후로 소강 국면에 돌입한 아이폰 출시 시점 맞추기 게임에 불을 지피기도 했다.

 ## 전쟁도 치르기 전에 이미 입성 완료

여기에 아이폰 앱스토어를 통해 엄청난 성공을 거둔 일반인의 사연들이 전해지면서 아이폰이 무엇에 쓰는 물건인지도 몰랐던 한국인들은 솔깃한다. 2009년 2월 5일 로이터통신은 싱가포르의 9세 어린이가 앱스토어에서 '대박난' 사연을 보도한다.

림 딩 웬이라는 이 아이는 '두들키즈(Doodle Kids)'란 프로그램을 만들어 올렸다. 이 프로그램을 사용하면 손가락으로 아이폰 터치스크린에 마음대로 그림을 그릴 수 있다. 그림을 지울 때는 아이폰을 가볍게 흔들어주기만 하면 된다.

이 프로그램은 공개된 지 2주일 만에 4,000건 이상 팔리는 인기 애플리케이션이 됐다. 림은 "그림 그리기를 좋아하는 3세, 5세 여동생을 위해 프로그램을 만들었다"고 설명했다. 림은 2세 때부터 컴퓨터를 쓰고, 6개 프로그래밍 언어에 능숙하며 두들키즈 이전에도 프로그램 20여 개를 만든 아이였다. 림의 아버지인 림 시에치엔은 싱가포르 IT업체 기술 담당 임원으로 그 역시 아이폰 애플리케이션 제작자이기도 했다.

대박 사연의 주인공은 국내에도 있었다. 경기도 화성에 사는 30대 직장인이 만든 유료 모바일게임이 애플 앱스토어에서 히트를 쳤다. 게임회사에 근무하는 이 직장인은 동료 디자이너와 함께 개인적으로 이 프로그램을 만들었다. 0.99달러로 책정된 이 게임이 하루에도 수천 개씩 팔리면서 그는 하루에 수백만 원을 벌었다. 게임빌의 '프로야구 2009', 유엔젤의 '아이드러머'도 앱스토어 대박 콘텐츠로 매체를 통해 알려졌다. 그러자 서서히 애플 앱스토어 블루오션론이 돌며, 이를 주제로 한 토론회가 열리기 시작했다. 아이폰이 들어오기 전에 앱스토어가 먼저 유명해진 것이다.

돈이 되는 곳에는 기업들이 몰리게 마련이다. 국내 기업들도 앱스토어 따라 만들기에 나섰다. 삼성전자, SK텔레콤, KT 등이 자체 앱스토어 개설 계획을 연이어 발표했다. SK텔레콤은 SKT의 표준 플랫폼을 적용하여 OS 제약 없는 앱스토어에, KT는 단말기의 효용 가치를 극대화하는 데 초점을 맞추고 있고, 삼성전자는 개발자와 콘텐츠 중심의 앱스토어를 표방한다. 그러나 앱스토어와 스마트폰 간 구조나 시너지 등에 대한 구체적인 계획이나 면밀한 검토 없이 글로벌 기업 못지않은 기술력을 갖고 있다는 것을 밝히는 데 급급하다는 평가가 이어진다. 본질을 꿰뚫고 충분한 준비를 한 뒤 한판 뒤집기를 하기보다 1등 제품과 비슷한 제품을 따라 만드는 데 집중하는 국내 기업의 2등 전략을 보여주는 예다.

관련 기업들도 이러한 지적에 공감했다. 당시로서는 소비자의 눈길을 끄는 애플리케이션 조달이 쉽지 않을 뿐 아니라, 국내 업체 간 경쟁으로 애플리케이션 수급난에 허덕일 게 뻔했기 때문이다. 그러나 일부 시장조사기관 설문조사에서는 국내 통신사의 앱스토어가 애플 앱스토어를 제치고 성공할 것이라는 낙관론도 나왔다. 여기에는 단서가 붙었다. 데이터정액제 등 전용 요금제와, 개발자와 사용자 모두 만족시킬 수 있는 모바일 소프트웨어 생태계가 마련되어야 한다는 것이다.

그러나 이통사가 스마트폰 활성화를 위한 요금제를 만들 의사는 보

국내에서 성공 가능성이 가장 높은 앱스토어는

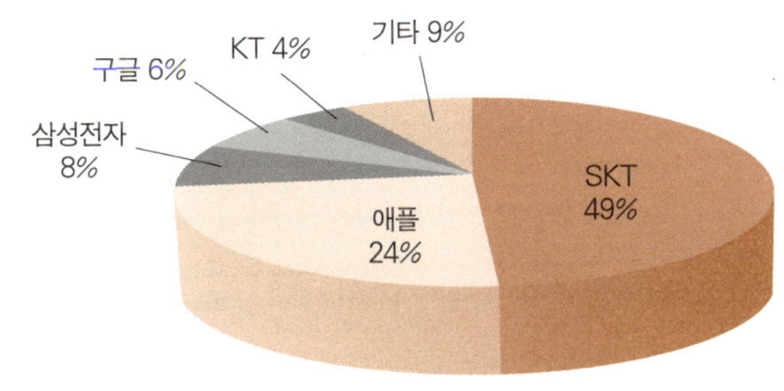

＊조사기관: 애틀러스 리서치앤컨설팅
＊대상: 국내 IT업종 종사자 160명　　＊기간: 2009년 4월 7~13일

이지 않았다. 소프트웨어를 만들 수 있는 기업들은 '발전'이 아니라 '생존'에 주력하고 있었다. 모바일 콘텐츠업계에서는 자신들을 '3D 업종'으로 부를 정도로 자조적 분위기가 팽배했다. 대우 면에서 낙후됐을 뿐만 아니라 어느 정도 안정기에 접어든 개발자는 높은 몸값을 이유로 근속 기간이 보장되지 않는 경우가 허다했다. 소프트웨어업계에서는 정부와 대기업에 'SOS'를 요청했다. 그러나 이들의 요청에 답변은 없었다.

 ## 아이폰 얼리어답터, 이찬진과 박지영

아이폰이 IT업계에서만 관심 갖는 물건이었을 때부터 '아이폰 전도사'라 불린 이가 있었다. 1990년 한글과컴퓨터를 설립하면서 IT 돌풍을 이끌었던 이찬진 드림위즈 대표다. 이미 2008년에 아이폰 3G를 해외에서 직접 구매해 사용하던 이 대표는 국내에 출시되면 1년 내 30만 대 이상은 거뜬히 판매될 것이라고 주장했다. 애플 생태계를 기반으로 새로운 가치가 창출될 것이라고 강조했다. 아이폰 대박을 확신한 이 대표는 "스마트폰 사업은 우리가 지금까지 벌인 사업 가운데 가장 큰 사업이 될 것"이라며 스마트폰 자회사인 터치커넥트를 설립하고 홈페이지(touch.connect.kr)를 만들어 애플의 MP3플레이어 아이팟터치용 응용프로그램 패키지를 선보였다. 시범 사업 부문은 2009년 초 정식 사업체가 된다.

이 대표는 사람들이 스마트폰을 잘 사지 않는 건 제대로 된 모바일 인터넷이 제공되지 않기 때문이라며 인류 역사가 예수가 태어나기 전인 기원전과 기원후로 나뉘는 것처럼 이동통신의 역사는 아이폰 이전과 아이폰 이후로 나뉠 거라고 말했다.

실제로 스마트폰이 IT산업의 주축이 된 뒤, 이동통신의 역사에서 모바일 시대가 열린다. 이찬진 대표의 말이 '허언'은 아니었다. 이 대표는 2009년 9월 방송통신위원회의 아이폰 승인을 앞두고 방통위가 아이폰 출시를 지연시키고 있다는 의견을 내 논란을 일으키기도 했다. 그는 아이폰 출시 이후 아이폰 전도사로서 향후 관련 소프트웨어 시장의 변화를 전망하는 대표 주자가 됐다.

또 다른 아이폰 얼리어답터는 박지영 컴투스 대표이사다. 이찬진 대표가 미래의 성공 가능성에 무게를 두고 아이폰을 좇았다면, 박지영 대표는 생존을 위한 선택이었다. 컴투스는 전체 매출의 98%를 모바일 게임에 의존한다. 세계를 뒤흔드는 휴대폰에 자사의 게임을 넣어야 하는 건 숙명이나 다름없다. 아이폰이 낯설었던 2008년 말 컴투스는 "앱스토어에 자사 게임 3종을 납품한다"고 발표했다.

일반적으로 신규 공급 체결은 곧 실적 향상으로 이어진다. 매출이 기업 가치를 올리기 때문이다. 주가는 기업 가치를 반영하기에 신규 공급 체결 발표는 주가를 끌어올리는 호재 역할을 한다. 그러나 이날 증시의 반응은 미지근했다. 12월 5일 주가는 전일 대비 2% 올랐을 뿐이다. 코스닥지수(1.1%)에 비해 높은 상승세라는 사실에 만족하는 정도였다. 증시도 아이폰이 함축하고 있는 의미를 몰랐던 것이다. 컴투스의 계획은 인기가 조금 있는 해외의 한 업체에 납품하는 것으로 여겨진 셈이다.

시장의 반응은 시원찮았지만, 컴투스는 꾸준히 앱스토어에 힘을 쏟았다. 2009년 3월에서야 증권가는 컴투스의 앱스토어 진출에 반응을 보인다. 3월 18일 컴투스의 '미니게임천국1'●이 앱스토어에 상륙한 사실을 두고, 키움증권 리서치센터는 같은 달 23일 긍정적인 의견이 담긴 보고서를 낸다. "애플 앱스토어 내 캐주얼한 게임이 대세인 만큼 국내 모바일게임 유저들 사이에서 원 버튼(one button) 게임의 돌풍을 일으킨 '미니게임천국1'이 해외의 아이폰 유저들에게도 좋은 반응을 얻을 수 있으리라 기대된다."

컴투스는 2009년 4월 야구게임인 '나인이닝 프로베이스볼 2009'를 아이폰에 추가로 선보인다. 그 결과 해외 매출이 전년 동기 대비 273% 성장한다. 2008년 말 앱스토어에 내건 3개의 게임과 4월의 야구게임 덕이다.

박지영 대표는 아이폰에 열을 올리는 이유를 이렇게 설명했다. "스마트폰이 '손 안의 PC'로 여겨지는 만큼 구현할 수 있는 게임 사양이 높아지면서 용량과 가격도 급격히 늘어났다. 오픈마켓에선 웬만한 게임의 용량이 40~50메가바이트에 달하고 가격도 마지노선으로 여겨졌던 9.99달러짜리를 심심찮게 볼 수 있다."

IT업계는 눈 깜짝할 사이에 유행이 바뀐다. CEO는 오늘보다는 미래의 가능성에 베팅을 해야 기업을 한 걸음 앞서게 할 수 있다. 먼저 디딘 한 걸음은 훗날 승패를 가른다. 박 대표의 판단은 스마트폰 시대가 활짝 열릴 때 컴투스를 주목하게 만든 주요한 힘이었다.

애플 쇼크 **4개월 전**

아이폰?
그래 봤자 외국폰!

4장

2009년 6~8월 사이에 아이폰을 둘러싼 가장 큰 이슈는 아이폰 3GS 공개였다. "어떤 아이폰이 나올까?"

6월 8일 미국 샌프란시스코에서 열린 2009 세계개발자회의(WWDC)부터 이목이 쏠렸다. 국내의 관심은 WWDC에서 발표하는 새 아이폰 출시국 명단에 한국이 추가돼 있는지 여부였다.

공개된 아이폰 3GS는 가격은 반으로 줄고 성능은 2배로 좋아졌다. 카메라는 300만 픽셀에 자동초점 기능, 동영상 촬영 기능을 더했고, 배터리 수명도 2배나 늘어나 국내 얼리어답터들을 더욱 흥분케 했다.

 ## 비관론 뚫고 3GS 흥행 열풍

아이폰 3GS 출시 전날, 일본인들이 판매처 소프트뱅크 매장에 아침부터 줄을 서기 시작했다. 아이폰 3GS(32G)는 2009년 7월 일본에서 샤프와 파나소닉, NEC, 카시오 등 유수의 현지 업체를 제치고 판매량 1위를 기록한다. 아이폰의 일본 판매회사인 소프트뱅크는 아이폰에 힘입어 2009년 상반기 역대 사상 최고의 이익을 냈다. 매출액은 1조 3,492억 엔(17조 5,200억 원)으로 2008년 대비 1.5% 증가에 그쳤지만, 영업이익은 28.1% 증가한 2,306억 엔(2조 9,940억 원), 순이익은 72.1% 증가한 707억 엔(9,180억 원)을 기록했다. 아이폰으로 누적 손실 2,700억 엔을 단번에 해결한 것이다.

3GS보다 먼저 출시된 3G는 일본에서 실패작이었다. 흥행 실패로

결국에는 2년 약정시 돈을 내지 않아도 되는 공짜폰으로 전락할 정도였다. 한국 못지않게 외국폰이 힘을 못 쓰는 일본 시장의 특성 때문이다. 일본에서는 세계 1위 휴대폰 제조사인 노키아의 시장점유율이 1%인 반면, 일본산 샤프의 시장점유율은 25%에 이른다.

3G의 실패를 딛고 3GS가 성공하자, 일본에서도 아이폰이 먹히기 시작했다고 전문가들은 분석했다. 미국 경제 전문지《포춘》은 "아이폰은 그동안 IT업계로부터 일본 유수의 업체들에 비해 고객들에게 별다른 호응을 얻지 못하고 있다는 지적을 받아왔으나 신제품 아이폰 3GS 출시를 계기로 일본 시장에서의 성장 가능성을 보여주고 있다"고 분석했다. 일본에서의 성공은 부정적인 전망을 뚫고 아이폰 3GS가 성공한 대표적인 사례로 꼽혔다.

사실 아이폰 3GS는 출시 전 비관론이 팽배했다.

- '진화된 모델'임은 분명하나 '혁명적'이지는 못하다. 기대에 못 미친다.

  – 맥쿼리증권 리포트

- 기존 아이폰 3G 사용자들이 운영체제 3.0을 무료로 업그레이드할 수 있기 때문에 아이폰 3GS를 구입할 유인이 별로 없다.　　　– 미국의 경제 전문 사이트 마켓워치

- 판매되는 국가가 몇 안 되고(3G는 21개국, 3GS는 8개국에서 판매), 이전 버전에 비해 크게 개선된 특징이 없기 때문에 판매가 저조할 것이다.

  – 시장분석업체 파이퍼 재프리

결과적으로 비관론은 빗나갔다. 신제품 아이폰 3GS는 출시 사흘 만

에 100만 대 이상이 팔렸다. 미국 257개 애플 매장 대부분에서 아이폰 3GS 일부 제품이 품절되기도 했다.

3G와 3GS 아이폰의 가장 큰 차이는 2배 빨라진 운영체제와 출시 당시 모바일 생태계 규모의 차이. 이 작지만 큰 차이가 흥행의 비결로 풀이된다.

 ## 이제 한국에도 출시된다?

아이폰 3GS가 세계 곳곳에서 성공하면서 국내 관심은 더욱 높아졌다. 대체 왜 안 들어오느냐, 들어온다면 언제 들어오느냐의 문제였다.

3GS 출시 이후부터는 전문가들뿐만 아니라 IT 전문지, 경제지, 여기에 종합지까지 국내 출시일 맞추기 경쟁에 뛰어든다.

이 와중에 2009년 6월 12일 아이폰은 방송통신위원회 산하 전파연구소로부터 전자파 적합 등록(KCC인증)을 받는다. 전자파 적합 등록은 기간통신망 사업자의 네트워크에 연결하는 단말기의 안정성을 전파연구소가 인증하는 절차를 일컫는다. 이로써 아이폰의 국내 도입과 관련된 법적 절차는 모두 끝난 것이다. 이제 공은 각 협상 주체인 이통사와 애플에게 넘어간 셈이다.

'KT 7월 독점 공급'이라는 신문 보도가 나오면서 출시일 맞추기는 본격화된다. 그러나 협상의 한 축인 KT는 사실 무근이라며 이 보도 내용을 딱 잘라 부인했다. 그러자 대체 왜 '못' 들어오는가에 관심이 쏠린다. 일본은 이미 아이폰을 받아들였고, 중국도 오늘내일하는 판이었다. 이러한 상황에서 'IT 강국 한국도 마음만 먹으면 들여올 수 있는 것 아닐까?' 라고 생각하는 것은 당연한 귀결이었다.

 ## 이통사들의 가장 큰 걱정은 무선데이터 수익

일부러 안 들여오는 건 아닐까? 아이폰 도입이 늦어진 이유로 음모론이 서서히 고개를 든다. 정황상 음모론의 신빙성은 커 보였다. 음모론의 핵심은 '무선데이터 수익 뺏길 걸 걱정하는 이통사의 아이폰 밀치기' 였다.

아이폰의 핵심은 무선랜과 앱스토어라고 말할 수 있다. 종전 휴대폰에서 인터넷을 사용하려면 통신사 고유의 망을 통해 접속해야 했다. 그러나 무선랜을 쓰면 무선인터넷 중계기가 있는 곳에서 요금이 무료고, 국내에는 무선인터넷이 대중화되어 있다. 이통사로서는 기존 데이터서비스가 안겨줬던 데이터 요금을 잃게 되는 것이다. 이통사 입장에서는 제 살 깎아먹기가 되는 결정을 굳이 내릴 이유가 없다.

기존에 출시된 국내 스마트폰들도 이통사의 입맛에 맞게 주요 기능이 다 거세된 채 출시됐다. 2009년 7월을 기준으로 국내에 출시됐거나 출시될 예정인 스마트폰 7종 중 무선랜을 탑재한 제품은 4종에 그쳤다. 해외의 스마트폰이 무선랜 기능을 기본 사양으로 하는 것과 대조된다. 국내 스마트폰은 반쪽짜리에 불과한 셈이다.

국내 출시 스마트폰의 무선랜 기능 탑재 현황

제조사	모델명	무선랜 여부
삼성전자	SPH-M490(T옴니아)	가능
	SPH-M480(울트라메시징)	가능
	SPH-M4655(멀티터치2)	가능
	SPH-M820 계열(와이브로폰)	불가능, 와이브로 가능
	SPH-M830 계열(와이브로폰)	불가능, 출시 예정
	햅틱아몰레드(해외명: 제트)	불가능
	SPH-M4650 계열(멀티터치1)	불가능(단종)
LG전자	LG-KU200 계열(인사이트)	가능

＊ 삼성전자의 '햅틱아몰레드'는 스마트폰 기능을 갖춘 일반 휴대폰
＊ 자료: 삼성전자, LG전자,《서울경제》

애플의 앱스토어 운영 시스템도 이통사의 입맛에 맞지 않았다. 앱스토어는 개방형 콘텐츠 장터로 누구든 콘텐츠를 올리고 누구든 내려받을 수 있다. 종전까지 사용자들은 이동통신사가 꾸려놓은 서비스만을 이용했다. 통신사는 여기에서 나오는 수익의 대부분을 가져갔다. 그러나 앱스토어에서 발생하는 수익은 개발자와 애플이 7 대 3의 비율로 나눠 갖는다. 자칫 이통사는 상당한 수익을 올리던 콘텐츠 요금의 원천을 순식간에 잃어버릴 수도 있는 것이다.

또 일부 애플리케이션을 쓰면 이동사를 거치지 않고 무료로 통화도 할 수 있다. 아이폰은 이통사 입장에서 이래저래 마음에 안 드는 녀석이다. 내키지 않는데 일 처리가 빠르게 진전될 리 없다.

 ## 고압적인 애플의 협상 태도

KT와 SK텔레콤 중 이통사를 고를 수 있게 된 애플의 고압적인 태도도 아이폰 협상을 지지부진하게 만드는 요인으로 지적됐다. 아이폰 도입을 놓고 애플은 꽃놀이패를 쥐고 있었다.

KT와 SK텔레콤, 이 둘 중 누구에게 아이폰 독점 공급권을 주든지 애플은 상관없었다. 자신의 몫만 챙기면 되기 때문이다. 실제로 애플은 KT뿐만 아니라 SK텔레콤과도 지속적으로 협상을 해왔다.

그동안 공을 들여온 KT는 발끈했다. KT는 SK텔레콤보다 아이폰 도입에 적극적이었다. SK텔레콤에 비해 국외폰을 비롯한 휴대폰 라인업이 부족했기 때문이다. 당시 SK텔레콤이 HTC, 소니에릭슨, 블랙베리 등 국외 단말기를 도입한 반면 KT는 노키아 제품 1종만을 들여왔다. 이것도 출시 1년이 넘은 제품이어서 실제 판매로 연결되기는 어려웠다. KT가 아이폰을 택한 것은 이 뒤처지는 스마트폰 시장 구도를 한판에 엎어보려는 전략이었다. 애플이 아이폰을 SK텔레콤에도 나눠주는 순간, KT의 공들인 탑은 와르르 무너지게 된다.

KT가 SK텔레콤 일색인 판도 뒤집기의 무기로 아이폰을 데려오려하고, SK텔레콤은 만약을 대비해 애플에 끈을 대고 있는 상황이었으니 애플은 KT와 SK텔레콤의 싸움을 느긋하게 지켜보다가 더 좋은 조건을 내놓는 이를 파트너로 잡으면 그만이었다.

협상의 쟁점은 단말기 보조금과 공급량 개런티였는데, 이에 대한 애플의 요청은 과했다. 애플이 내건 협상 조건은 "보조금 40만~50만 원

78

과 연간 100만 대 이상 공급 보장"이었다. 당시 국내 제조사에게 제공하는 단말기 보조금은 30만~40만 원선. 애플은 제품을 파는 과정에서 판촉비도 더 달라고 하고, 나아가 시장에서의 판매 결과와 상관없이 일정량은 반드시 사야 한다고 주장한 것이다. 협상이 굴욕적으로 진행된다는 의혹이 일자 KT와 SK텔레콤은 모두 협의 과정과 도입 조건을 공개하지 않기로 입장을 정한다.

삼성전자, LG전자 등 국내 휴대폰업체와의 유착 관계도 국내 이동통신사들의 결정을 머뭇거리게 하는 요소로 꼽혔다. 아이폰 도입은 그동안 끈끈한 관계를 유지해온 국내 제조사의 뒤통수를 치는 것을 의미한다. 이로 인한 앙갚음을 생각지 않을 수 없었다.

 ## 찬사받는 국내폰이 간과한 한 가지

3GS 모델 출시로 아이폰에 대한 관심이 커져만 가던 2009년 초여름. 삼성전자는 회심의 스마트폰을 선보였다. 6월 15일 런던·싱가포르·두바이에서 내놓은 '제트폰'(한국에서는 햅틱아몰레드란 이름으로 출시됐다).

제트폰 설명회에서 삼성전자 무선사업부장인 신종균 부사장은 "풀터치폰 분야에서 2년간 축적한 첨단 기술을 집약한 제품"이라며 "세계 사용자들이 성능과 편리한 사용법에 놀라게 될 것"이라고 자신했다. 화질과 성능, 속도 면에서는 기존 휴대폰에 비해 월등했다. 화면은 7.8cm(3.1인치) 유기발광다이오드(AMOLED, 아몰레드)였다. 아몰레드는

LCD 화면과는 달리 햇빛 아래에서도 잘 보인다. 초당 8억 번 연산할 수 있는 동작 속도도 갖췄다. 덕분에 최대 20가지 작업을 한꺼번에 할 수도 있다.

카메라는 500만 화소급이며, 동영상은 DVD급으로 녹화가 됐고, 재생 품질은 HD급이다. 뛰어난 디지털카메라 기능은 삼성전자가 유럽 홍보 마케팅 포인트로 삼기도 했다.

당시 삼성전자는 바이럴마케팅용 동영상을 통해 제트폰을 홍보했다. 1분 20초짜리 동영상의 내용은 이렇다.

영국 런던의 피카디리 서커스에 UFO가 등장한다. 사람들이 우왕좌왕하는 가운데, UFO 바닥 쪽 문이 열리면서 코끼리 2마리가 번지점프를 한다. 코끼리 발목은 UFO 내부에 고정돼 있다. 번지점프를 마친 코끼리는 눈 깜짝할 사이에 UFO 내부로 사라지고, UFO도 그 자리를 뜬다. 사람들은 휴대폰을 통해 그 광경을 제대로 찍었는지 확인한다. 대부분 찍지 못했다고 탄식하는 가운데, 한 여성이 자신이 또렷하게 찍은 'UFO에서 번지점프하는 코끼리' 화면을 보여주다. 이 폰이 바로 삼성의 제트폰이다.

제트폰은 아이폰을 겨냥하고 만들어진 제품이다. 글로벌마케팅 표어도 '스마트폰보다 더 똑똑한 폰'이다. 직설적으로 말하면, '아이폰보다 더 나은 폰'이라는 얘기다. 국내 언론은 제트폰과 아이폰의 대결 구도에 주목했다. 하지만 무게추는 제트폰에 쏠려 있었다. 당시 언론 기사를 종합해보면 다음과 같다.

"제트폰은 기능에서 압도적이고, 아이폰에 비해 취약점으로 지적됐던 사용자환경(UI)도 뒤떨어지지 않는다. 탄탄한 마니아층과 브랜드 인지도 그리고 기능 등 높은 제품 사양으로 제트폰의 가격이 더 비쌀 것으로 예상돼 생기는 가격 경쟁력 문제는 이동통신사의 마케팅 전략이 공격적으로 서면 해소될 수 있는 부분이다. 문제는 아이폰의 마니아층이다."

국내 언론은 국내 휴대폰과 아이폰의 대결의 분수령을 '기능'과 '마니아층 지지도'로 본 것이다.

한편 아이폰이 관심사로 떠오르면서 스마트폰에 소홀했던 LG전자도 대응에 나섰다. 2009년 초 해외 전시회에 풀터치 스마트폰 'LG-GM730'을 선보인 것이다. LG-GM730은 사용 편리성을 대폭 강화해 초보자도 쉽게 사용할 수 있고, 3차원 사용자환경인 S클래스 UI, 500만 화소 카메라 등 다양한 멀티미디어 기능을 탑재한 스마트폰으로, LG의 2009년 하반기 글로벌 전략 제품 중 하나였다.

 **'폰' 안 되는 아이폰 쓰는 얼리어답터**

아이폰을 목매어 기다리는 마니아층은 국내에 상당수였다. 마니아층을 노리고, 아이폰 사용을 미끼로 한 상품이 등장하기도 했다. 한 해외 로밍업체는 자사의 제품을 이용하는 고객에게 아이폰을 제공할 수 있다고 홍보했다.

이렇게 '간 보는' 정도로는 만족하지 못하는 얼리어답터들이 해외

사이트를 통해 미리 아이폰을 구입하기도 했다. PC 기능과 MP3, 무선랜을 통한 일정관리, 연락처 관리 기능만을 바라보고 '폰'을 산 셈이다. 그러나 기왕 '폰'을 샀으니, 어찌 됐든 '폰'으로 이용해야 하지 않겠는가? 얼리어답터들은 계속 아이폰을 휴대폰으로 사용하기 위한 개인 인증을 시도한다. 결실은 9월 25일에 거둔다. 첫 개인 인증자가 나온 것이다.

주인공인 국내 아이폰 개통 1호자는 이성진 씨다. 이 씨는 2009년 7월 말 해외 인터넷 경매 사이트를 통해 105만 원에 아이폰 3GS 휴대폰을 샀다. 그리고 8월 13일 방송통신위원회 산하 전파연구소를 찾아가 30여만 원을 들여 전파 인증을 받았다. 인증서는 9월 25일 나왔다. 이씨는 전파 인증을 받고 KT를 통해 아이폰을 개통했으며, 그때는 아이폰 전용 요금제가 없던 터라 스마트폰 전용 데이터 요금제를 선택했다.

KT는 아이폰 유치에 적극적이었던 터라 개인 인증에도 적극적이었다. 자사의 트위터를 통해 관련 민원을 받기도 했다. 2009년 9월까지 전파연구소에 개인적으로 아이폰 인증을 신청한 사람은 20~30명에 이르렀다.

 **아이폰 성공 여부에 대한 설왕설래**

아이폰 3GS 공개 이후 증시도 움직였다. 하반기에 아이폰이 출시될 가능성이 커지자 애널리스트들이 아이폰의 힘을 가늠해보기 시작한 것

이다. 애널리스트는 외부 변수가 주어질 때 경제에 미치는 거시적인 영향부터 관련 기업의 유·불리 그리고 구체적인 예상 실적 변동치까지도 뽑아내는 이들이다. 2009년 6~7월, 애널리스트들은 아이폰이 몰고 올 파동의 크기를 재는 데 집중했다.

다수의 애널리스트는 "아이폰이 보조금 전쟁을 촉발해 결과적으로 봉신사의 수익성을 악화시킨다"에 무게를 뒀다. 미래에셋증권의 조성은 애널리스트는 "3GS 아이폰은 출시 지역의 통신사 간 경쟁을 유발, 보조금 확대와 핸드셋(전화의 수화기) 수요 증가를 촉진할 것"이라며 "국내에 아이폰이 출시될 경우, 통신 3사 간의 출혈 경쟁은 하반기에도 지속되어 큰 폭의 이익 희생이 불가피할 것"이라고 전망했다.

KTB투자증권의 송재경·홍지나 애널리스트도 "아이폰 독점 출시로 인한 해외 통신사들의 긍정적 효과가 제한적이었다"며 "아이폰의 예상 수익 기여도가 미미하다"고 분석했다. 이 두 애널리스트는 아이폰 출시 영향을 '소문난 잔치에는 먹을 것이 없다'는 속담으로 갈음했다.

한화증권의 박종수 애널리스트는 "아이폰이 KT에 먼저 공급된 후 시차를 두고 SK텔레콤에 공급된다면, 하반기 전반적인 경쟁 완화 기조 속에 국지적인 경쟁 심화가 예상된다"고 말했다. KT가 아이폰을 독점적으로 공급하는 기간 동안 최대한 가입자를 모으기 위해 마케팅을 집중할 수밖에 없고, 경쟁사인 SK텔레콤과 LG텔레콤도 가입자 이탈을 막기 위해 고기능성 단말기로 맞대응하게 되면서 일시적으로 경쟁이 심화된다는 논리다. 증시에서는 아이폰이 이동사 간의 마케팅 경쟁을 강화시켜 실적을 훼손시킬 악재 역할을 할 수 있다는 논리가 우세했던 것이다.

애널리스트들은 아이폰이 KT에 선공급된 뒤 SK텔레콤에 추가 공급될 가능성이 크다고 봤다. 이 때문에 KT가 먼저 시장 장악에 열을 올리고 뒤를 이어 SK텔레콤이 나머지 시장을 잡으려 추격하지 않겠냐는 논리로 접근했다. 또 신형인 아이폰 3GS가 아닌 구형 3G가 들어오는 점을 전제로 시장 수요를 예측했다(국내에는 아이폰 3G와 아이폰 3GS가 동시에 출시됐다).

마케팅 전쟁으로 수익성은 악화되지만, 아이폰은 무선데이터 시장을 활성화시키는 동력이 돼 중장기적인 매출원이 될 것이라는 기대감도 표출됐다.

한국투자증권의 양종인·김시우 애널리스트는 "아이폰이 데이터 이용에 편리한 기능을 제공하기 때문에 아이폰으로 인한 무선데이터 이용 활성화는 긍정적"이라고 예상했다.

LIG투자증권의 최용재 애널리스트는 "지금까지 무선데이터서비스는 프로그램 및 콘텐츠 부족으로 고객들로부터 외면당했다"며 "애플의 우수한 앱스토어 프로그램 및 콘텐츠로 인해 사용자가 늘어날 것"이라고 전망했다.

또 아이폰은 국내 스마트폰 성장 여부를 가늠해볼 수 있는 잣대가 돼 국내 통신사와 휴대폰 제조사의 부담을 덜어줄 것이라는 예상도 나왔다.

우리투자증권의 안재민 애널리스트는 "국내 통신서비스 시장에서 스마트폰이 출시됐을 때 데이터 정액제 가입을 의무적으로 부과한 경우가 없었기 때문에, 이번 상품으로 그 가능성 여부를 판단하게 될 것"
이라고 전망했다.

외국계 증권사도 엇갈리긴 마찬가지였다.

크레디트스위스증권은 "기존에 예상했던 것보다 단말기 비용이 높
기는 하지만 중장기 관점에서 KT가 가입자 1인당 평균 매출(ARPU)을
높일 수 있는 기반을 마련했다"며 "고급 단말기(high-end) 시장에서
브랜드 파워를 강화해 업계 1위인 SK텔레콤에 압박을 줄 것"이라고
전망했다.

BNP파리바증권은 "아이폰 가입자가 내년 말까지 200만 명에 이른
다면 KT의 가입자 인당 평균 매출액은 3만 7,986원으로 올라가 올해
보다 4% 늘어나는 데 그칠 것"이며 "올 연말까지 200만 명이 된다 해
도 KT 총 가입자의 7%에 불과할 것"으로 분석했다.

UBS는 "KT가 고급 단말기 가입자를 유혹하는 데 도움을 줘 KT에
긍정적이고, SK텔레콤과 LG텔레콤에 부정적 영향을 미치겠지만 의미
있는 영향은 없을 것"으로 전망했다.

 **이통사와 국내 제조사, 웃는 게 웃는 게 아니야**

2009년 6~7월 여름 휴대폰 시장에서 삼성전자와 LG전자의 힘은 정점
을 이뤘다. 특히 7월은 삼성전자 53%, LG전자 32.3%로 두 회사의 시
장점유율만 85.3%에 달했다. 이달 국내에서 팔린 휴대폰 10개 중 9개

가 삼성전자와 LG전자 제품이라고 해도 과언은 아니다. 국내 제조사의 시장 장악력 덕분에 국내 소비자 5명 중 1명은 아이폰을 삼성전자 제품으로 오인할 정도였다.

삼성전자는 2008년 11월 출시한 'T옴니아'에 힘입어 국내 스마트폰 시장의 90%를 장악하고 있었다. 국내 시장에 내린 단단한 기반을 믿고 국내 휴대폰 제조사들은 아이폰은 아무것도 아니라며 호언장담을 했다.

LG텔레콤의 김상돈 최고재무책임자(CFO)는 7월 31일 진행된 2009년 2분기 실적 컨퍼런스콜에서 "현지화가 안 돼 있는 외국 스마트폰이 정착하려면 많은 어려움이 있고, 시간이 필요하다"며 "시장에 미칠 영향이 크지 않을 것으로 전망된다"고 말했다. 아이폰이 출시되면 LG텔레콤의 경쟁력이 약화되지 않겠냐는 우려에 대한 답변이었다.

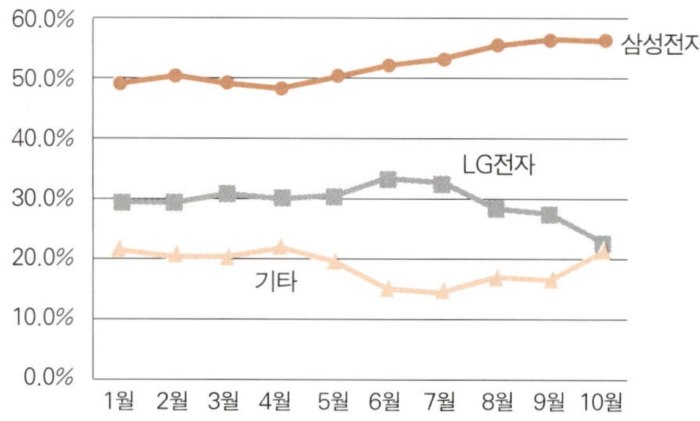

＊기간: 2009년 1~10월　＊자료: 뉴시스 2010년 2월 1일

국내 시장 지배력도 탄탄했지만, 국내 스마트폰 시장의 비중이 작은 것도 이통사가 아이폰을 겁내지 않는 이유였다. 2009년 6월 기준으로 스마트폰 사용자는 40만 명으로 시장점유율 1%에 불과할 뿐이었다. SK텔레콤은 24만 명, KT와 LG텔레콤은 합해서 16만 명이었다. 아이폰이 들어와 기존 스마트폰 시장을 휩쓴다고 해도 고작 휴대폰 시장점유율의 1%를 차지할 뿐이라고 이통사들은 생각했던 것이다. 스마트폰 시장 자체가 커질 수 있다는 가능성을 낮게 본 것이다.

당연한 짐작이었을지도 모른다. 삼성전자와 LG전자, SK텔레콤와 KT. 국내 휴대폰 시장을 잡고 있는 이 쟁쟁한 기업들이 외국폰 하나로 뒤흔들릴 것이라 누가 생각했겠는가.

한편 SK텔레콤은 아이폰 도입을 두고 이리저리 재는 모습이 역력했다. 혹시 모르지 않은가. 만에 하나라도 아이폰이 통신업계를 흔들면? 만약 판이 흔들린 뒤에 대책을 세우면 따라잡기 어려워진다. 더구나 SK텔레콤 고객의 23.8%도 아이폰이 KT에서 나오면 통신사를 갈아탈 의사를 밝힌 상황이었다. 팔짱 끼고 마냥 아이폰의 상륙을 바라보고 있을 수는 없었다.

SK텔레콤은 7월 8~9일에 자사 홈페이지를 통해 아이폰 도입 관련 설문조사를 실시하기에 이른다. 설문 제목은 '아이폰 관련 고객 선호도 조사'로 문항은 다음과 같다.

1. iPhone의 단말 가격을 제외한 기능, 디자인, 브랜드 등을 고려했을 때 구입하실 의향은 어느 정도 되나요?

2. iPhone의 단말 가격이 아래와 같은 수준에서 구입이 가능할 경우, 구입하실 의향은 어느 정도 되나요?(iPhone 3GS 16GB: 25만~30만 원/iPhone 3G 8GB: 15만~20만 원)

3. iPhone의 단말 가격이 아래와 같은 수준에서 구입이 가능하지만, 월 5만 원 상당의 음성 및 데이터 요금제 가입과 24개월 할부가 조건이라면 구입하실 의향은 어느 정도 되나요?(iPhone 3GS 16GB: 25만~30만 원/iPhone 3G 8GB: 15만~20만 원)

4. 단말 구입 가격 수준 및 가입 조건이 상기 3번 내용과 같다면, iPhone vs T옴니아2(삼성) 또는 '아레나폰(LG)' 중에서 어느 단말을 구입하실 생각입니까?

5. 만약 SK텔레콤에서는 iPhone을 구입하실 수 없고, 다른 이동통신회사에서 구입이 가능하다면 이동통신회사를 옮기실 의향이 어느 정도 있으신가요?(단 타 이동통신사에서의 iPhone의 단말 가격 및 가입 조건은 상기 3번 내용과 동일하다는 가정 하에서입니다.)

6. 설문에 참여하신 분의 연령대가 어떻게 되시나요?(10대, 20대, 30대, 40대)

 ## 아이폰, 물론 단점도 있다

최고의 알짜 기업은 어디일까? 주가 높은 기업? 아니다. 비상장 기업 중 우량 기업이다. 상장을 하면 공개적인 통로로 자본 조달을 할 수 있는 대신 시장의 관심과 감시를 받아야 한다. 그러나 비상장 기업은 여기에서 자유롭다. 진정한 알짜 기업이 상장을 하지 않은 경우도 많다.

IT업계의 관심을 한 몸에 받게 된 아이폰. 만날 사랑만 받겠는가? 하나의 흠집이라도 생기면 1등을 물어뜯는 게 비즈니스 사회다.

아이폰 3GS도 흠이 공개되기 시작한다. 특히 폭발 사건이 연이어 터졌다. 2009년 8월 13일 프랑스 남부 엑상프로방스 지방에서 18세 소년이 여자친구의 아이폰 화면이 폭발하면서 파편에 눈이 찔리는 사고를 당했다. 네덜란드에서는 아이폰 폭발로 차에 불이 붙기도 했고, 영국에서는 11세 여학생의 아이팟이 폭발했다. 8월 24일에는 프랑스 남부 가르 지방에서 26세의 야신 부아디가 아이폰에 문자를 입력하던 중 화면이 폭발해 스크린 파편에 눈을 다쳤다.

유럽연합 집행위원회(EC)는 애플에 아이폰과 아이팟의 안전성과 관련한 구체적인 정보 제공을 요청했다.

스티브 발머 마이크로소프트 CEO는 "시간이 지날수록 혁신성이 느껴지지 않는 애플의 신제품들과 폭발 위험이 잦은 낮은 안정성에 소비자들이 불안해하고 있다"며 "이런 제품을 판매하는 것 자체가 문제"라고 지적하기도 했다.

수명이 짧은 배터리도 문제로 지적됐다. 탈착형인 기존 국내 휴대폰과 달리 아이폰은 배터리와 단말기가 일체형으로 배터리 문제는 부각될 수밖에 없었다. 그러나 따져보면, 아이폰 3GS의 배터리 용량은 다른 휴대폰에 비해 떨어지는 편이 아니다. 노키아의 N시리즈 일부와 옴니아에 밀릴 뿐, '블랙베리'와 LG전자의 아레나보다 배터리 용량이 크다. 아이폰 3GS의 배터리 수명을 문제 삼는 옴니아2 역시 노키아와 HTC 제품에 배터리 용량에서 밀리기는 마찬가지다.

해킹 문제도 있다. 2009년 7월 30일 영국의《메트로》는 보안 전문가인 찰리 밀러와 콜린 뮬리너의 말을 빌려 "전 세계의 모든 아이폰이 해커에 의해 지배될 수도 있다"고 경고했다. 보안 결함으로 인해 해커가 대량의 문자메시지를 보낼 수 있으며 아이폰에 저장된 연락처 리스트를 통해 다른 이들에게 같은 공격을 이어가 연쇄 피해가 일어날 수 있다는 것이다. 이들은 아이폰뿐만 아니라 윈도 모바일 기반의 휴대폰, 구글 안드로이드폰 역시 문자메시지 공격을 통해 해킹이 가능하다고 주장했다.

아이폰 사용자들은 아이폰이 규정해놓은 소프트웨어 외 다른 프로그램도 사용하는 소위 '탈옥'● 행위를 할 수 있다. 외국 해커들이 두웜(Duh Worm)이란 해킹툴도 만들었다. 두웜은 가짜 로그인 화면을 통해 비밀번호를 알아낼 수 있다.

해킹 위험은 아이폰이 PC와 다를 바 없다는 점에서 시작됐다. PC가 해커의 공격을 받듯이 스마트폰 또한 해커의 공격에 노출되어 있다는 것이다. 그러나 해킹과 관련해 애플과 IT 전문가들은 오히려 아이폰이 다른 스마트폰에 비해 해킹에 안전하다고 말한다. 애플은 앱스토어에 올리는 모든 애플리케이션을 사전 검열하기 때문에 숨겨진 해킹 소프트웨어를 가려낼 수 있다는 것이다.●● 또 한 번에 한 가지만 작동하는

● 해킹의 일종으로 제조사가 막아둔 '틀(하드웨어 기능 제한)'을 푸는 행위다. 탈옥이 불법이라는 의견에는 논란의 여지가 있다. 탈옥을 하면, 목록 수정 기능을 추가해 통화 목록도 선택 삭제할 수 있다. 또 유료 애플리케이션을 공짜로 쓸 수도 있다. 탈옥의 단점은 크게 2가지. 전원을 끄거나 배터리가 떨어지면 PC와 연결, 탈옥 프로그램을 다시 실행시켜야 휴대폰을 부팅시킬 수 있다. 탈옥 사실이 걸리면 애프터서비스도 안 된다. 보안에도 취약하다. 아이폰 해킹툴은 주로 탈옥폰을 대상으로 한다.

구동 시스템이 해킹을 막을 수 있다고 주장한다(이는 단점으로도 지적되는 부분이다. 삼성전자 등 경쟁사는 다양한 기능을 한꺼번에 작동할 수 있는 멀티태스킹을 장점으로 자랑하기도 한다). 해킹이 이루어지려면 사용자가 동시에 다른 서비스를 이용해야 하며, 따라서 해킹의 먹잇감이 되는 것은 탈옥폰에 한정된 얘기라는 것이다.

네덜란드 해커가 만든 두웜, 21세 호주 대학생이 만든 첫 번째 아이폰 해커툴인 아이키(Ikee)도 탈옥폰을 노린 해킹툴이었다. 애플코리아 관계자는 "'탈옥'하면 아이폰의 보안 장치 중 80%가 무력화돼 악의적 공격을 받을 경우 속수무책이 된다"고 말한다. 탈옥한 아이폰이 무선랜을 이용해 인터넷에 접속하면 아이폰 안에 저장된 전화번호부나 이메일, 사진, 음악 같은 데이터를 빼내가는 해킹툴이 발견되기도 했다.

한편 아이폰의 주요 단점으로 애프터서비스가 빠지지 않고 지적된다. 아이폰 사용자가 수리를 요청하면, 애플에서는 수리 대신 다른 사용자가 사용했던 고장폰으로 만든 리퍼비시(refurbish)폰을 제공한다. 자기 물건에 대한 애착이 강한 국내 소비자에게 '남이 쓰던' 폰으로 만든 휴대폰은 내키지 않을 수밖에 없다. "내 아이폰이 망가져 리퍼비시폰의 대상이 되면, 내 사용 기록을 다른 사람이 볼 수 있지 않을까?"

● ● ● 애플의 앱스토어용 애플리케이션 검열 인력 규모는 기밀 사안이다. 이 같은 검열 때문에 포르노 등 문제가 될 수 있는 애플리케이션이 원천 차단될 수 있다고 애플은 설명한다. 애플은 비키니 복장 외 여성의 상·하체가 드러나는 영상은 차단하고 있다. 이 같은 측면에서 아이폰보다는 안드로이드폰이 더 해킹에 위험할 수 있다고 전문가들은 지적한다. 구글의 안드로이드 OS는 애플의 아이폰과는 달리 개방형이다. 어떻게 만들어졌는지 공개(오픈 소스)되기 때문에 해킹툴을 만들기도 아이폰보다 수월할 수 있다.

라는 걱정도 나온다. 애플은 리퍼비시폰은 98%가 신제품이라고 말한다. 외형은 모두 제거하고 내부 핵심 부분만 수리해서 쓰는 것이기 때문에 사실상 새것이나 다름없다는 것이다. 물론 자신의 아이폰 사용 정보가 다른 이에게 넘어갈 가능성도 0%라고 덧붙였다.

애플 측은 13년간 소비자 만족도 1위를 차지할 정도로 애플의 에프터서비스 정책에 대한 소비자 만족도가 높다는 입장이다. 하지만 자신의 폰이 아닌 다른 사람 폰의 부품으로 만든 중고품 대체 정책이 국내 소비자에게 스며들기란 쉽지 않아 보인다.

비용도 문제였다. 많게는 30만 원 가까이 드는 리퍼비시 수리 정책에 아이폰 사용자들의 불만은 컸다. 한국소비자원에 접수된 스마트폰 민원 중 50.2%가 아이폰과 관련된 것이었다.

그러자 공정거래위원회가 애플 애프터서비스 정책의 문제점을 살펴보기도 했다. 정책이 약관법상 문제가 있거나 소비자들에게 일방적으로 불리하다고 판결될 경우 조사에 착수할 수 있다는 게 공정위의 입장이었다. 이 때문에 용산전자상가의 아이폰 수리점은 때 아닌 호황을 누렸다. 잘 고친다고 소문난 업체에는 하루 일감이 40~50건에 이르렀다. 수리비는 아이폰 터치 패널이 7만 5,000~8만 5,000원, 액정(LCD)은 15만~18만 원, 배터리나 스피커 커넥터 및 오디오 단자 교체는 3만~4만 원 정도다.

앱스토어의 불법 저작물도 도마에 오른다. 허가를 받지 않고 기존의 다른 저작물을 복사한 애플리케이션이 문제가 됐다. 애플 측도 이를 인정하고 불법 사용자에 대한 제재 등의 대책을 마련하고 있다.

 ## 가짜 손담비 트위터 사건

아이폰과 관련된 해프닝도 발생한다. 일명 '가짜 손담비 트위터 사건'
이다. 2009년 7월 4일 트위터에 가수 손담비의 사진과 싸이월드 미니
홈피 계정이 걸렸다. 이 트위터를 실제 손담비의 것으로 여기고 팔로
우 신청(이웃 맺기)을 한 이용자만 이틀 동안 300명이 넘었다. 가짜 손
담비의 꼬리는 '아이폰' 때문에 잡혔다. 가짜 손담비가 트위터에 "아
이폰 갖고 싶다"는 문장을 남긴 것이다. 당시 손담비는 삼성전자 휴대
폰 광고 모델이었다. 상도의상 있을 수 없는 일. 손담비의 소속사는 이
내 손담비의 트위터가 아니라고 언론에 발표했다.

아이폰을 일찍부터 잘 활용한 스타도 있었다. 당구계 얼짱 차유람은
7월 말 애플 앱스토어를 통해 스타 화보를 올렸다. 아이폰이나 아이팟
으로 다운받을 수 있는 이 화보의 가격은 건당 1.99달러였다. 또 다른
당구계의 미녀 스타 자넷 리도 아이폰용 화보를 출시하기도 했다.

한편 하나금융지주는 발 빠르게 아이폰용 인터넷뱅킹 프로그램 개발
에 착수해 눈길을 끌었다. 하나금융그룹 IT 계열사인 하나아이앤에스는
그 외에도 아이폰이나 아이팟터치 등으로 카드 결제를 할 수 있는 관련
애플리케이션을 개발 중이라고 밝혔다. 하나은행은 2009년 10월 8일
드림위즈와 새로운 인터넷서비스 및 디지털 기기 등을 이용한 금융 분
야 사업 기회를 공동 모색하기 위한 양해 각서(MOU)를 체결하기도 했
다. 아이폰 및 트위터를 활용한 서비스 발굴이 목적이었다.

펴져가는 아이폰 음모론

아이폰 출시 3개월을 전후한 기간은 직전 단계의 심화 과정이라 할 수 있다.

아이폰 3GS의 중국 상륙 초읽기로 한국 시장 도입 여론은 더욱 커져간다. 중국도 열렸는데, 우리는 왜 안 열리나? IT기술 부분에서는 중국에 비해 앞섰다고 평가받는데, 중국도 도입한 선진 기기를 도입 못하는 이유에 대한 궁금증은 당연해 보였다.

아울러 아이폰 출시에 따른 기업들의 손익은 보다 구체화된다. 반도체와 휴대폰 부문을 동시에 갖고 있는 삼성전자는 아이폰의 수혜주와 피해주라는 다소 모순된 위치에 놓이기도 한다.

중국도 개방했는데, 우리는?

2009년 9월 중국이 아이폰에 시장을 개방했다. 8월 28일 중국의 국영 통신업체인 차이나유니콤이 중국 내 아이폰 판매 계약을 체결했다고 밝혔고, 9월 초에는 중국 정부 산하 통신장비인증센터(TECC)가 아이폰의 주파수 사용을 승인, 조만간 차이나유니콤을 통한 판매 및 서비스가 시작될 것이라는 소식이 전해졌다. 모건스탠리는 그동안의 아이폰 효과를 고려해, "중국의 금융주와 부동산주를 팔고 통신주를 사라"고 권했다.

중국 시장이 아이폰에 열린 현실은 국내 소비자의 궁금증을 키웠다. OECD 30개 회원국 중 아이폰을 출시하지 않은 나라는 아이슬란드와 한국밖에 없었다. 애플의 한국법인인 애플코리아는 아이폰 때문에 다른 사업 부문이 영향을 받을 정도였다. 8월 말 열린 새 PC 운영체제 스노레퍼드● 기자 간담회 때도 기자들의 관심은 아이폰 출시일에 쏠려 있었다.

8월 19일 오후 5시로 예정돼 있던 우리나라 첫 우주 발사체 나로호가 카운트다운 7분 56초를 남겨두고 발사 중지됐다. 발사체 밸브를 작동시키는 고압탱크 압력 때문이었다. 이로써 나로호 발사 연기는 일곱 번째다. 계속되는 발사 연기를 두고 한 네티즌은 "나로호도 아이폰 닮아간다"며 "다음에, 다음에, 다음에"라는 글을 남겼다. 나온다, 나온다 설만 무성할 뿐 정작 출시되지 않는 아이폰에 대한 기다림은 유머의 소재로 쓰일 정도가 됐다.

아이폰을 말 그대로 '목 빠지게' 기다리다 지친 이들은 다른 스마트폰을 택하기도 한다. 또 다른 외국폰인 소니에릭슨의 스마트폰 '엑스페리아X1'이 대표적인 수혜 품목이었다. 엑스페리아는 82만 원의 가격 때문에 시판 초기인 2009년 4월에는 일평균 개통 대수가 275대에 불과했다. 여기에 자판 오류 문제 등이 발생하면서 7월에는 일평균 개통 대수가 120대 수준까지 떨어졌다. 그러나 8월에는 150대에 이어, 9월에는 230대 수준까지 일평균 개통 대수가 치솟았다. 판매량 증가에는 프로모션 정책으로 가격을 낮춘 것이 한몫했지만, 아이폰 대기 수요를 대거 흡수한 결과로 해석된다.

● Mac OS X 10.6(Mac OS X version 10.6, Snow Leopard)의 상품명. 애플의 운영체제인 Mac OS X의 차기 버전이다. 2008년 6월 9일 'WWDC 08'에서 발표됐고, 2009년 8월 28일 정식 출시됐다. 인텔 CPU가 장착된 맥에서만 설치할 수 있다.

누군가 아이폰을 막고 있다

네티즌 사이에서는 누군가가 아이폰 출시를 막고 있다는 음모론이 퍼졌다. 이해 관계에 따른 로비의 산물로 아이폰 출시가 미뤄지고 있다는 것이다.

빙해 세력으로 우선 국내 제조사가 떠올랐다. 스마트폰 관련 소식 전문 사이트인 스마트폰나우(smartphonenow.kr)는 8월 23일 "아이폰의 한국 출시를 방해하는 업체가 있다는 말을 애플 측으로부터 들었다"며 "아이폰이 국내 시장에 출시될 경우 직접적인 타격이 불가피한 삼성전자, LG전자 등 휴대폰 제조업체일 가능성이 크다"고 덧붙였다.

또 다른 의혹을 받은 축은 방송통신위원회였다. 당시 방통위는 위치정보법과 관련해 애플과 팽팽한 신경전을 펼치고 있었다. 문제가 되는 서비스는 구글맵에 기반한 서비스와 '파인드마이아이폰(Find My iPhone)' 서비스로, 방통위는 애플이 위치정보사업자로 허가를 받아야 국내에서 아이폰을 통해 위치정보서비스를 할 수 있다는 입장이었고, 애플 측은 GPS를 이용한 아이폰의 위치기반서비스(LBS) 탑재가 한국 법에 저촉되지 않는다는 주장이었다. 이 같은 논쟁은 누군가 아이폰을 막고 있다는 네티즌의 여론에 힘을 실어주기에 충분한 근거였다.

형식적인 절차가 더디게 진행되는 게 아니라 누군가에 의해 강제적으로 막히고 있다는 인식이 확산되면서 여론은 들끓는다. 아이폰을 두고 최대의 두 적이 생긴 것이다.

아이폰 상륙을 가장 고대하는 IT업계가 총대를 멘다. 9월 9일 문화체육관광부가 주최하고 사단법인 한국인터넷기업협회와 한국콘텐츠진흥원이 공동 주관한 '모바일 컨퍼런스 2009'에서 IT업계 측은 우회적으로 방통위를 비판하는 모습을 보였다. 허진호 한국인터넷기업협회 회장은 기조연설에서 갈라파고스섬과 흥선대원군을 예로 들며 폐쇄적인 환경은 모바일 산업 발전에 결코 도움이 되지 않는다고 말했다. 허 회장이 속한 한국인터넷기업협회는 이미 8월 31일 아이폰의 출시를 촉구하는 성명서를 발표한 바 있다. 이 성명서의 골자는 "혁신적인 단말기 및 서비스, 휴대폰을 통한 무선인터넷 시스템이 도입되면 경쟁적인 시장 환경이 조성될 수 있고, 국내 이용자의 선택권도 확대된다"로, 이 말을 풀면 "아이폰을 비롯한 스마트폰 앱스토어 체계가 국내의 소프트웨어 및 콘텐츠 개발자에게 먹을거리를 제공할 수 있다"는 뜻이다.

'아이폰 전도사'란 별칭이 붙은 이찬진 드림위즈 대표이사는 9월 10일 홍대 근처에서 트위터 사용자 200여 명을 대상으로 열린 '2009 트위터데이'에서 "우리나라에선 왜 아이폰을 살 수 없나요?"라는 사회자의 질문에 "방통위에 물어보세요"라고 답하기도 했다.

네티즌도 여기에 가세한다. 일주일에 한두 개의 게시글이 오르던 방통위 홈페이지에 '국내 업체를 보호하기 위해 통신 발전을 후퇴시키는 IT 후진국', '우리나라는 IT 강국이 아니라 IT 쇄국' 식의 항의성 글이 도배되기 시작한다.

특히 위치기반서비스에 이어 아이폰의 무선랜도 문제 삼는다는 소식이 알려지면서 여론의 불만은 더욱 커져갔다. 무선랜이 빠진 아이폰은 앞서 말했듯이 앙꼬 없는 찐빵이다. 방통위는 부랴부랴 사실 무근

제조사	노키아	리서치인모션(RIM)	애플
스마트폰	내비게이터폰(6210s)	블랙베리 보드9000	아이폰(3G, 3GS)
제한된 기능	내비게이션 기능 차단	내장 지도에 한국 지도 표현 불가능	위성항법장치(GPS) (9월 당시 미정)
국내 관련 규정	지도 국외 반출 금지 규정	지도 국외 반출 금지 규정	위치정보보호이용법상 위치정보사업자 허가받고 감독 대상

＊자료 : 《한겨레신문》

이라고 해명했다.

방통위의 고민도 깊어졌다. 방통위 법률 자문관은 "일부의 지적대로 위치정보법에는 '위치정보'와 '개인의 위치정보' 개념을 명확히 구분했지만, 후반부로 갈수록 두 개념을 혼동해 사용하는 게 사실"이라고 지적했다.

위치정보법 논란 속에 애플의 아이폰 국내 출시 포기설까지 돈다. 핵심 기능인 GPS를 뺀 '무늬만 아이폰'을 출시하느니 차라리 접는 게 나을 거라는 점에서였다. 그러나 11월 18일 애플이 방통위로부터 단독 LBS 사업자로 새롭게 선정되면서 이 논란은 종지부를 찍는다.

훗날 KT에서 나온 얘기를 보면 음모론이 낭설은 아닌 듯 보인다. 김우식 KT 사장(개인고객부문장)은 "외국 장비라서 국내법 요구 수준을 맞추는 데 시간이 걸렸다"며 "국내에 아이폰 도입 반대 분위기도 있었다"고 털어놓았다.

정치권으로 확산된 아이폰 논란

아이폰 논란은 정치권으로 확산된다. 9월 14일 진보신당은 SK텔레콤 본사 앞에서 기자회견을 연다. 이날 배포한 기자회견문의 제목은 '부당한 통신 요금의 주범, 이동통신사와 방통위에 국민의 이름으로 전면전을 선포한다'였다. 다음은 기자회견문의 한 대목이다.

우리나라는 'IT 오지'로 전락할 가능성마저 발생하고 있다. 인터넷 활용 추세를 보면 세계는 지금 유선인터넷에서 모바일인터넷으로 급속하게 진화하고 있다. 휴대폰을 통해 인터넷을 자유롭게 이용할 수 있게 하는 세계적 추세와 달리 우리나라는 휴대폰을 통한 인터넷 접속 시 사업자가 독점적으로 제공하는 비싼 데이터서비스만을 이용해야 한다.

이러한 모바일인터넷 독점 체제는 전 세계에서 유일하게 아이폰을 사용할 수 없고, 삼성의 제트폰도 근거리 무선인터넷 장치, Wi-Fi를 제거하고 출시해야 하는 한국의 현재 모습과 무관하지 않은 것이다. 이러한 상황에서 모바일인터넷의 활성화는 요원할 수밖에 없다.

2000년대 IT 강국으로 부상한 한국의 2009년 현재 주소는 '모바일인터넷의 무덤', 고립된 'IT의 외딴섬'이 될 기로에 서 있는 것이다. 그럼에도 정부는 국내 이동통신사업자의 이익만을 고려하고, 모바일인터넷 정책에 대해서는 아무런 밑그림을 그리지 못하고 있는 실정이다.

정부는 모바일인터넷의 활성화를 통해 자유로운 이동통신권과 다양한 콘텐츠산업 발전을 보장하는 '모바일인터넷 기본 정책'을 즉시 마련해야 한다. 진보신당은 모바일인터넷 활성화를 위한 제도와 미래 IT 정책 마련을 위해 관련 전문가 및 시민사회단체와 긴밀히

협조해나갈 것이다.

표적을 잡아 비판하긴 했지만, 모바일인터넷 활성화와 관련한 진보신당의 요구안은 구체적이지 못했다. 정책 마련의 필요성만 역설했을 뿐 어떤 정책이 어떻게 필요하다는 구체적인 내용은 없었다.

한편 애플코리아의 앤드류 세지윅 사장은 아이팟터치와 아이폰 보조금 관련 문제로 국회 문화체육관광방송통신위원회로부터 10월 7일 열린 국정감사의 참고인으로 선정되기도 한다. 업계에서는 "(아이폰 등) 아직 협상 중인 사안을 국회에서 언급하는 것 자체가 외국계 회사로서는 난센스로 받아들였을 것"이라며 국감 전부터 출석하지 않을 거라 예상했다. 예상대로 세지윅 사장은 해외 출장을 이유로 불참했다.

 웃지도 울지도 못하는 삼성전자

삼성전자는 아이폰 앞에서 모순된 위치에 놓일 수밖에 없었다. 독특한 사업 구조 때문이다. 삼성전자는 크게 4개의 사업 분야로 이뤄져 있다. 반도체, 디스플레이, 휴대폰, 가전. 한쪽에서 죽을 쑤면 다른 한쪽에서 펄펄 날아서 손익 구조를 맞춘다.

아이폰과 관련해서도 삼성전자는 '우산 장수와 나막신 장수' 양쪽의 입장을 둘 다 갖고 있다.

휴대폰 부품 측면에서 삼성전자는 강점을 갖고 있다. 음성통화에 필

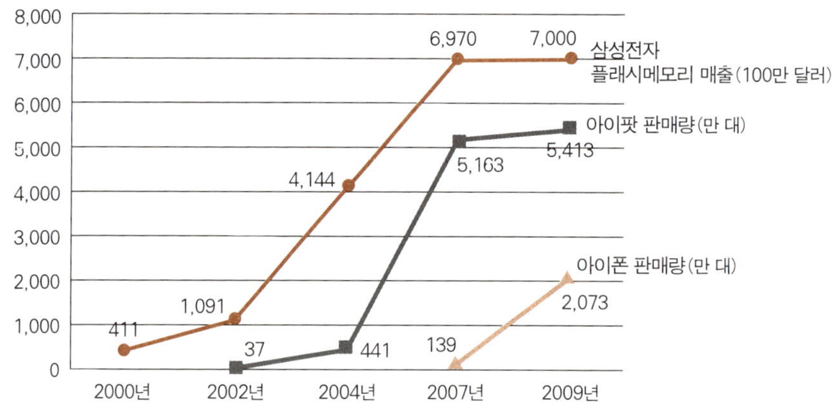

＊자료: 애플, 삼성전자, 《조선일보》, 유진투자증권

요한 퀄컴 모델칩 외에 휴대폰의 주요 부품을 자체 제작하는 등 휴대폰 제조사 가운데 부품 자립도가 가장 높은 기업이라는 평을 받기도 한다.

아이폰 3GS의 애플리케이션 프로세스에는 삼성전자의 'S5PC100 (600MHz)'이 탑재돼 있다.

S5PC100 프로세스는 삼성전자 시스템LSI사업부가 ARM 코어텍스 A8 기반으로 만든 첫 제품으로, 2009년 차세대 주력으로 선보인 모바일 프로세스다. 이 부품은 아이폰의 두뇌 역할을 한다. 아이폰의 구동 속도와 웹브라우징 속도가 2.9배 빨라진 것은 삼성전자의 기술 덕분이라 할 수 있다. 3GS뿐만 아니라 기존 아이폰 3G의 두뇌인 'S3C6400'

부품	해외 주요 공급처
AP(애플리케이션 프로세스)	애플
낸드플래시	애플, 노키아
D램	애플, 노키아, 모토로라

∗ 자료 : 《아시아경제》

프로세스도 삼성전자 제품이다.

삼성전자가 아이폰으로 덕 보는 또 하나의 이유는 낸드플래시다. 삼성전자는 일본의 도시바, 한국의 하이닉스와 더불어 아이폰용 낸드플래시•를 공급한다. 낸드플래시의 기존 수요처는 저장 장치가 휴대폰보다 큰 MP3플레이어, 디지털카메라였다. 그러던 것이 스마트폰의 저장 장치가 32GB로 커지면서 스마트폰에 낸드플래시가 효율적으로 적용될 수 있게 된 것이다. 특히 취미용품인 MP3플레이어와 디지털카메라에 비한다면 생활 속 필수품인 휴대폰 시장은 비교할 수 없이 크다.

스마트폰 중에서도 아이폰의 낸드플래시 흡입 속도는 단연 돋보인다. 아이폰 수요가 늘어나 낸드플래시의 수요도 늘고 가격이 뛰면, 삼성전자에게는 '좋은 일'이다. 일각에서는 아이폰 제조원가 중 30%

• 다른 말로 플래시메모리(flash memory). 전기적으로 데이터를 지우고 다시 기록할 수 있는 컴퓨터 기억장치로, 메모리칩 안에 정보를 유지시키는 데 전력이 필요 없는 비휘발성 메모리다. 읽기 속도가 빠르며 하드디스크보다 충격에 강하다. 이러한 특징으로 배터리로 동작하는 장치에서 저장 장치로 많이 사용한다.

정도가 삼성 몫이라는 말까지 나왔다. 그러나 휴대폰이라는 완성품 측면에서 보자면 삼성전자에게 아이폰은 달갑지 않은 존재임에 틀림없다.

삼성전자는 국내 스마트폰 시장의 90%를 장악하고 있었다. 노키아, 소니에릭슨, 리서치인모션의 스마트폰이 들어와도 삼성전자의 위상은 흔들리지 않았다. 그러나 아이폰으로 한 번도 흔들린 적 없는 삼성전자의 아성이 위기에 처한 것이다.

스마트폰나우의 설문조사에 따르면 응답자 중 91%가 아이폰 출시로 가장 큰 타격을 입을 업체로 삼성전자를 꼽았다. 기타 업체로는 LG전자 4.0%, 다른 외국업체 3.0%, 팬택 1% 등이 있었다.

증시 전문가들의 전망은 다소 엇갈렸다. KB투자증권의 조성은·박송이 애널리스트는 "삼성전자와 LG전자가 시장을 과점하고 있는 상황에서 아이폰이 양 사의 시장점유율에 큰 영향력을 행사하긴 어려울 것 같다"면서도 "국내 고가 휴대폰 영역에서는 삼성전자의 시장점유율을 위협할 가능성이 크다"고 전망했다.

반면 HMC투자증권의 노근창·최병태 애널리스트는 "한국 기업들의 스마트폰 경쟁력이 낮다는 것을 향후 경쟁력의 추락으로 연결시키는 것은 지나친 비약"이라며 "현재 스마트폰에서의 수익 비중이 낮기 때문에 반대로 아이폰이 스마트폰 시장을 키워놓고, 삼성전자의 경쟁력이 강화되면 오히려 위기를 기회로 삼을 수도 있다"고 분석했다.

# 삼성전자가 진짜 걱정해야 할 것

삼성전자가 걱정하는 부분은 아이폰 단말기 자체만이 아니었다. 아이폰으로 인해 확산될 스마트폰 문화였다. 이는 기존의 휴대폰 문화와는 전혀 다르다.

한국에서 휴대폰은 통화, 문자메시지 전달 기능이 주종이었다. DMB 시청과 MP3플레이어 향유는 덤이었다.

반면 스마트폰에서는 '폰'의 기능이 대폭 줄어든다. 모건스탠리에 따르면, 보통의 휴대폰 이용 패턴은 음성통화(70%)를 가장 많이 쓰고, 문자메시지, 메일, 게임 순이었다. 그런데 아이폰 사용자들에게 음성통화 비중은 70%에서 45%로 대폭 줄어든다. 대신 음악 듣기, 인터넷 사용이 새롭게 등장했다.

자연스럽게 스마트폰으로 쓸 애플리케이션의 원천이 단말기만큼 중요해진다. 그리고 이 애플리케이션스토어는 다시 단말기에 대한 고객들의 충성도를 높이는 역할을 한다. 아이폰과 앱스토어는 서로 확실한 시너지를 내고 있다.

이 순환 관계를 깨달은 삼성전자도 뒤늦게나마 앱스토어에 뛰어들었다. 2009년 8월 31일 '삼성 애플리케이션스토어(삼성판 앱스토어)'를 유럽에서 먼저 열고, 9월 4일 독일 베를린에서 열리는 세계가전전시회 'IFA 2009'에서 옴니아2와 'i8910HD' 등에 각종 애플리케이션을 탑재해 첫선을 보였다. 유럽을 애플리케이션스토어의 시험 무대로 삼은 것은 아이폰 수요가 다른 곳보다 빨리 늘고 있기 때문이다.

주요 모바일 애플리케이션스토어의 특징

명칭	애플리케이션스토어	앱스토어	안드로이드 마켓	오비스토어
주도업체	삼성전자	애플	구글	노키아
운영체제	윈도 모바일, 심비안, 안드로이드, 자바	OS X	안드로이드	심비안
사용 기기	옴니아2, i8910HD	아이폰	안느로이드폰 (삼성 갤러시, HTC 히어로)	심비안 기반 스마트폰
특징	다양한 OS 지원	최초의 앱스토어	오픈 소스 지향	위치 기반 중심

＊자료 :《매일경제》

삼성전자의 애플리케이션스토어도 아이폰의 앱스토어처럼 휴대폰에서도 제약 없이 다운로드받을 수 있게 만들었다. 한발 늦게 뛰어든 만큼 차별성도 갖췄다. 기존 앱스토어가 콘텐츠를 PC에 내려받은 뒤 유선으로 휴대폰에 옮길 수 있는 데 반해, 휴대폰 메뉴를 통해 직접 무선으로 내려받을 수 있게 했다.

삼성전자 이호수 부사장은 "애플리케이션스토어는 수익 창출을 위해서가 아니라 새로운 서비스로 고객 저변을 두텁게 하려는 목적"이라고 말했다. 애플 앱스토어에게 선수를 놓친 소프트웨어 시장을 재빨리 추격한 뒤 단말기 경쟁력을 확대하려는 게 삼성전자의 애플리케이션스토어 개설 목적인 것이다.

그러나 애플의 앱스토어가 구축한 벽을 넘기에는 삼성전자만으로는 역부족이었다. 2010년 3월 삼성전자는 LG전자, SK텔레콤, KT와 손잡고 개별 회사의 별도 앱스토어를 통합하는 방안을 모색한다. 이 합동 전선은 백지장도 맞들면 낫다는 발상, 정부의 중재, 그리고 애플 앱스토어에 막강한 힘을 인정한 좌절의 산물이지만, 그 결과에 대해서는 확신할 수 없다. 사공이 많으면 배가 산으로 가게 마련이다.

　기업은 철저하게 비용 대비 효용을 추구한다. 공동 프로젝트에서 자신이 손해를 입어가며 남의 수익을 위해 희생하는 기업이 얼마나 될까? 세계 대표적인 통신업계가 2010년 2월에 설립한 WAC(도매 애플리케이션 커뮤니티, Wholesale App Community)도 이 같은 문제 때문에 성공 가능성이 높지 않다는 평가를 받고 있다.

아이폰,
만만치 않겠는데

세상의 흐름을 가장 빨리 따라가는 게 돈이다. 돈의 본능이 가장 잘 발휘되는 곳이 증시다. 증시는 거시 경제의 흐름부터 작게는 한 기업의 인사 정보에까지 영향을 준다. 때문에 정보 전달도 그 어느 시장보다 빠르다. 돈이 걸려 있기에 여타 시장보다 냉정하다.

이 지극히 차가운 시장을 끌고 가는 돈은 아이폰에 어떻게 반응했을까? 역시 빨랐다. 돈은 아이폰의 파괴력을 미리 알아챘다. 2009년 9월 말부터 증시는 '아이폰의 연내 출시 그리고 그에 따른 충격'에 베팅을 한다.

 ## 아이폰 출시가 눈앞에 보인다

국내 출시가 확정되지도 않았는데 증시에는 이미 관련 수혜주가 형성되었다. 처음에는 무선인터넷주로, 다음엔 아이폰주로, 그리고 스마트폰주로 명명된다. 증권가에서는 모바일이 기존 온라인보다 낫다는 분석이 나왔다. 경쟁 격화로 일부 기업의 타격이 예상되는 온라인게임주에 비해 모바일은 새로운 시장이기에 상대적으로 경쟁이 덜하면서 큰 폭의 성장이 기대되는 블루오션이라는 이유에서였다.

남들보다 한발 앞서 아이폰 라인임을 인식시키려고 기업들이 서두르기 시작했다. 황금 묻힌 금광, 앱스토어를 향한 소프트웨어업계들의 러시가 시작된 것이다.

그러던 중 애플이 2009년 10월 19일 4분기 실적 발표 시, 한국 아이폰 출시에 관해 구체적으로 언급했다. 당시 애플의 피터 오펜하이머 CFO는 컨퍼런스콜을 통해, "현재 64개국에서 판매되고 있는 아이폰 3GS를 몇 개 나라에서 추가 출시하는 것을 계획하고 있다"며 "중국과 함께, 영국과 캐나다의 새로운 사업자들, 이른 시일 안에 한국에서 출시를 희망한다"고 말했다.

한편 기존 휴대폰업계 맹주 간의 신경전은 본격화된다. 삼성전자, LG전자는 그동안 소홀히 했던 스마트폰 시장을 검토하고 자리 잡기에 나서고, SK텔레콤과 KT 사이에는 전쟁이 시작되기 전 팽팽한 긴장감이 감돈다.

 ## 아이폰에 대비하기 시작하는 기업들

9월까지 39%였던 아이폰 구입 희망자들이 11월 65.4%로 증가했다. 개인적으로 아이폰을 개통한 사람의 수는 100명을 넘어갔다.

대구 지역에서는 아이폰이 나오지도 않았는데도 아이폰 쓰는 법, 앱 스토어에 대한 강좌까지 열렸고 정원의 2배 이상 되는 사람들이 몰렸다. 대구디지털산업진흥원은 아이폰 애플리케이션 개발자 과정을 새롭게 개설해 교육을 진행했다.

남들보다 조금이라도 일찍 아이폰 라인에 서기 위한 기업의 발걸음도 분주해졌다. 드림위즈는 출시 전부터 임직원 대상으로 아이폰을 지급하는 안을 검토했고, 아이폰 보조 기기와 액세서리 광고도 시작됐다. 아이폰 배터리의 수명이 짧다는 단점을 겨냥한 보조 배터리와 아이폰 관련 액세서리가 주종을 이뤘다. 커뮤니티와 블로그에서는 아이폰 받침대 등 보조 기구를 직접 만들어 사용하는 법이 담긴 동영상이 나왔다.

아이폰을 미끼로 한 판촉전도 전개됐다. 파코 인터내셔널의 수입 셀렉트숍인 플랫3는 한 달간 매장을 방문하는 고객 중 5명을 추첨해 아이폰을 증정하는 'iPhone Lucky Draw' 이벤트를 진행했다.

 ## 포털 3차 대전 발발

IT 초창기, 다음은 인터넷업계 선두 업체였다. 군소로 난립해 있던 당시 포털 시장을 이메일서비스인 '한메일'로 장악한 뒤 이메일 활성화와 더불어 천하를 누렸다. 그러나 지식검색서비스를 몰고 온 NHN과의 2차 대전에서 패하고 만다. 그 뒤 다음은 만년 2등이 된다. 문제는 1위에 절반도 따라가지 못하는 2등이라는 점이었다. NHN은 포털의 양대 수익원인 검색 광고, 게임에서 절반 이상의 시장점유율을 확보한다. 최근에는 2등 자리도 지키기 쉽지 않아 보였다. 3등인 SK컴즈(네이트)가 무섭게 치고 올라왔기 때문이다.

SK컴즈는 2009년 의미 기반 검색엔진인 시멘틱을 장착하고, 싸이월드와 네이트의 홈페이지 대문을 통합했다. 결과는 성공적이었다. 2009년 초 3%에 불과하던 시장점유율은 4분기에 10%를 돌파했다.

SK컴즈 측은 "다음의 2009년 시장점유율은 23~24%였으나, 20%에 머물 때도 있었다"며 "15~20%를 육박한 네이트가 2010년에는 역전을 노려볼 만도 하다"고 예측했다. 포털 담당 애널리스트들도 SK컴즈의 전세 뒤집기가 가능하다고 평가한다.

그리던 다음이 한판 뒤집기를 준비한다. 바로 모바일이다. 새롭게 시작될 모바일 전쟁에서 우위를 점해 기존 판세를 엎겠다는 것이다. 스마트폰을 매개로 포털업계 3차 대전이 시작된 것이다.

다음은 2007년부터 무선인터넷 시장 전략을 짰다. 가장 먼저 인력을 모았으니 모바일 인력 구성도 업계에서 가장 낫다는 평가를 받는다. 2008년 말부터는 구체적인 제품을 내놓는다. 2008년 말 아이폰용 'tv팟' 애플리케이션을 출시했고, 2009년 2월에는 아이폰용 지도서비스 애플리케이션을 선보였다. PC보다 불편한 스마트폰의 글자 입력 문제를 해결하기 위해 검색어의 초성만 입력해도 검색어를 보여주는 초성검색서비스도 도입했다.

또한 2009년 10월 모바일 기반의 소셜네트워킹서비스(SNS)를 출시한다. 여기에는 다음이 2009년 주력 서비스로 내세운 지도 기반의 SNS 기능이 탑재됐다. 이를 통하면 이용자는 스마트폰을 통해 다음 지도에서 주변 친구의 위치를 탐색하며 소통할 수 있게 된다.

트위터로 대변되는 단문 소통 매체인 마이크로블로그 시장에도 뛰어든다. 국내에서는 트위터와 NHN의 미투데이가 양분하던 시장이었다. NHN가 장악하던 시장을 적극적으로 공략하고 나선 것이다.

아이폰이 출시된 이후에는 아이폰 전용 페이지를 열었다. 여기에는 아이폰 개통을 위해 필수적인 USIM카드 설치 방법부터 아이튠즈 계정 등록, 애플리케이션 다운로드법이 담겼다. 애플이 해야 할 일을 다음이 대신한 셈이다. 그 정도로 모바일 시장 패권 확보에 대한 다음의 열망은 강렬했다.

또한 추석 선물로 전 임직원들에게 아이폰을 지급하고 2년간 데이터 통화료도 함께 지원함으로써 대외적으로 전사적으로 모바일비즈니스에 많은 관심을 보이고 있음을 홍보했다.

다음의 집중 공세가 이어지자 NHN은 차분하게 시류를 훑어본다. 그리고 2009년 말 본격적으로 모바일 시장에 뛰어든다. NHN의 모바일 전략 콘셉트는 '온라인의 힘을 모바일로' 다. 다음이 몇 개 핵심 애플리케이션을 통해 승부를 본다면, 네이버는 기존 유선서비스를 그대로 모바일에 옮겨놓음으로 온라인상의 영향력을 지속해나가겠다는 전략인 것이다.

네이버는 이미 2009년 7월에 한국판 트위터로 불리는 미투데이를 아이폰에서 접속하게 하는 애플리케이션을 앱스토어에 등록하고, 모바일 웹서비스를 통해 윙버스(여행), 웹지도, 웹툰은 물론 네이버의 대표 서비스인 지식인과 오픈캐스트 등을 선보인 데 이어, 아이폰용 블로그 모바일 애플리케이션을 선보였다. 또한 메일, 주소록, 일정관리, 가계부 등 개인 웹서비스(PWE)를 비롯해 생활과 밀접한 다양한 위치기반서비스를 모바일에 접목시키는 등 기존 서비스를 모두 모바일에 적합한 형태로 제공해나갈 계획이다.

2010년 NHN의 사업 전략은 모바일에 한 발 더 다가간다. 2009년

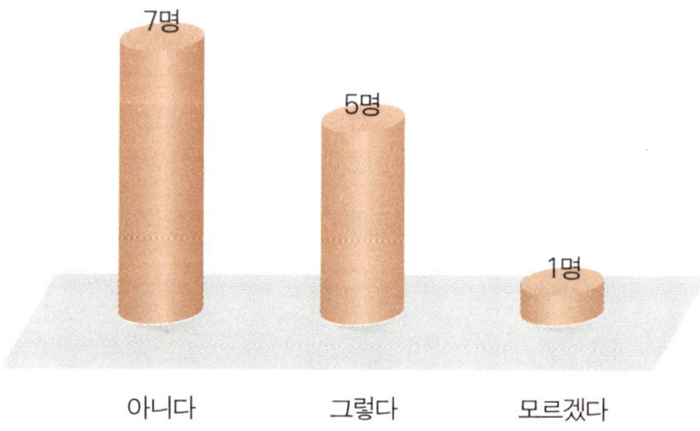

＊자료:《매일경제》, 통신 담당 애널리스트 13명 대상 설문

12월 1일 120명 규모의 모바일센터를 세우고 센터장에 선행프로젝트 그룹의 이현규 이사를 앉혔으며 앞으로 새로운 서비스를 출시할 때 모바일을 최우선 순위에 두기로 결정한다.

포털 3위 업체인 SK컴즈도 모바일을 통한 세력 확장을 꾀하고 있다. 특히 계열사인 SK텔레콤의 후광에 힘입어 곧 모바일에서 적지 않은 위력을 발휘할 것이라는 전망도 나오고 있다. SK컴즈는 아이폰 출시 후 PC 기반에서의 경쟁력인 네이트온의 아이폰용 프로그램 개발에 착수한다. 경쟁자인 야후 메신저와 MSN 메신저는 애플리케이션 형태로 애플 앱스토어에 게시돼 있다.

새로운 금광, 앱스토어로 향하다

게임·콘텐츠업체들은 하나둘씩 앱스토어로 향하기 시작한다. 가능하면 '국내 최초'라는 수식어를 달아 앞으로 열릴 시장의 선구자로 지위를 굳힘으로써, 향후 모바일 시장에서 주도권을 잡기 위해 애썼다.

게임업계가 앱스토어에 몰리는 이유는 애플리케이션을 온라인게임 사용자들의 몰입도를 높이는 유력한 수단으로 보았기 때문이다. 모바일게임은 온라인게임보다 공간적인 제약을 덜 탄다. 휴대폰이 있는 곳에서는 어디서든 게임을 할 수 있다. 스마트폰만 있으면 그곳이 곧 PC방이 되는 것이다. 또 무료화 때 얻은 고객의 충성도를 토대로 향후 기능을 추가해 유료 애플리케이션으로 만들면 수익 창출이 가능했다.

모바일게임 비즈니스는 가능성만 있는 게 아니었다. 구체적으로 실적을 낸 기업도 있었다. 국내 모바일게임업체 컴투스와 게임빌은 2008년부터 각각 7종과 3종의 게임을 앱스토어에서 서비스하며 상당한 수익을 올렸다.

게임업체들은 앞다퉈 아이폰 애플리케이션을 만든다. 엔씨소프트는 자사 다중온라인롤플레잉게임(MMORPG) 아이온의 아이폰·아이팟용 게임 정보 응용 프로그램 '아이온 파워위키'를 애플 앱스토어를 통해 서비스한다. 인터세이브는 '두뇌 게임 스도쿠(SUDOKU)'를 9월 29일 앱스토어에 내건다. 이 업체는 이 게임 이전에 '영문 고스톱'을 출시한 바 있다.

일반 콘텐츠업체도 분주히 움직였다. 교육콘텐츠업체인 이지보카는

'토익, 토플, 수능 필수 영어 단어 강좌'를 앱스토어에 출시했다. 고가의 학습 기기 구매에 부담을 느끼는 영어 학습자들을 타깃으로 했다. 앱스토어 전용 토익 강좌의 가격은 4.99달러다.

내비게이션 전문업체인 엑스로드는 2009년 10월 유럽용 전자지도와 러시아용 전자지도를 올려 월 3억 원을 벌어들였다. 현지 지사 없이 거둔 수익치고는 쏠쏠했다. 엑스로드 관계자는 "앱스토어를 통해 2010년에는 60억 원 매출을 기대한다"고 밝혔다.

이밖에 국내의 각종 소프트웨어도 앱스토어에 올랐다. 핸디소프트는 아이폰용 업무프로세스 관리 솔루션을 개발했다. 전자금융서비스 업체인 페이게이트는 아이폰용 결제서비스를 9월 28일 출시했다. 다쏘시스템코리아는 사진과 3차원 그래픽을 합성할 수 있는 소프트웨어 '3DVIA 모바일'을 앱스토어에 공개했다. 사용자가 디지털카메라로 찍은 사진 위에 3차원 그래픽을 결합해 재미있는 화면을 만들 수 있다. 서울 시내 거리의 모습과 정보를 실사 파노라마 사진과 함께 제공하는 레인디의 플레이스트리트도 기존 웹에서의 서비스를 앱스토어로 옮겼다.

앱스토어에 관심이 쏠리자 특이한 애플리케이션에 대한 소개도 이어졌다. 자동차 문을 잠그거나 열고 시동 거는 것을 도와주는 애플리케이션 '바이퍼 스마트스타트', 일본의 자동차업체 닛산이 개발한 환경친화적 주행 지원 애플리케이션, 아이폰의 마이크로폰과 가속도계 등을 이용해 성관계 능력을 0점에서 10점까지 점수화해주는 '패션(Passion)', 여성의 월경주기를 알려주는 'PMS 버디(Buddy)', 부인이나 여자친구의 생일 등 각종 기념일에 맞춰 자동적으로 문자메시지와 이메일을 보내주는 '걸프렌드 키퍼(Girlfriend Keeper)', 아이의 울음소리를 배고픔·졸림·불편함·스트레스·심심함 등 5가지로 구분해주는 '아이 울음소리 번역기' 등 수도 없이 많다.

 ## 모바일은 뺏기지 않으려는 미디어의 움직임

신문·방송은 네이버로 대표되는 온라인 포털사이트에 언론의 기능을 뺏긴 터라 잔뜩 독이 올라 있다. 온라인 시대에 포털은 미디어 부분에서 다른 어떤 언론사 못지않은 영향력을 발휘하고 있다. 2009년 한국광고주협회가 조사한 자료에 따르면, 가장 영향력 있는 매체로 네이버가 3위를 차지했다. SBS와 《조선일보》, 《중앙일보》보다 순위가 높았다.

아이폰 출시로 온라인에서 모바일로 시대가 바뀔 기미가 보이자 미디어는 온라인 시대에 범한 우를 범하지 않기 위해 기선 잡기에 들어갔다.

이미 해외의 유력 매체인 《타임》, 《뉴욕타임스》, 《USA투데이》, 《월스트리트저널》, MS NBC, ABC뉴스, AP 등은 앱스토어에 애플리케이션으로 콘텐츠를 제공하고 있었다. 아이폰 애플리케이션 출시는 《매일경제》가 가장 빨랐다. 《매경》은 2009년 10월 1일부터 앱스토어에 'MK매일경제'를 구축했다. 《매경》의 애플리케이션 개발은 드림위즈

터치커넥트에서 맡았다.《중앙일보》는 조인스닷컴 주최로 2009년 11월 21일 종합일간지로는 처음으로 뉴스 애플리케이션을 출시했다. '조인스뉴스' 애플리케이션은 세중게임즈가 공동 개발했다.

방송사는 라디오 애플리케이션을 시발로 발을 담그는 모습이었다. MBC라디오기 9월 공중파 가운데 가장 먼저 표준FM과 FM4U를 실시간으로 들을 수 있는 애플리케이션을 선보였다. 뒤를 이어 KBS라디오 국제 방송은 10월 20일 영어, 불어, 중국어 등 11개 언어로 방송하는 프로그램인 'KBS World Radio'를 내놨다.

 ## 증시에서 형성된 아이폰 테마

증시에서는 '모바일인터넷주'라는 새로운 테마가 형성된다. 스마트폰의 무선데이터통신과 무선랜을 지원하는 부품주와 모바일용 콘텐츠를 공급하는 업체가 집중 조명됐다.

수혜주는 크게 4가지 기준으로 분류할 수 있다.

첫째는 아이폰에 들어갈 콘텐츠를 제공하는 업체다. 게임업체인 게임빌과 컴투스, 모바일 음원을 제공하는 네오위즈벅스와 KT뮤직, 모바일 기기용 그래픽 소프트웨어 제공사인 네오엠텔, 모바일방송 콘텐츠 제공사인 옴니텔 등이 이에 속한다. 상대적으로 취약한 모바일 보안 소프트웨어의 필요성 증대에 따라 안철수연구소도 아이폰 수혜주로 속하게 된다.

둘째는 아이폰에 들어갈 콘텐츠를 연결해주는 업체다. 유비쿼스, 다산네트웍스는 무선데이터 시장 확대로 인한 트래픽 증가 수혜가 기대되는 통신장비주다. 아이폰으로 변화될 라이프 사이클까지 감안한 수혜주도 있다. 모바일을 통한 소액결제서비스 제공사인 다날과 모빌리언스는 모바일 결제 빈도 증가 가능성 때문에 증시에서 주목받고 있다.

스마트폰 보편화로 동영상 활용이 늘면 2차전지 용량도 증대할 거라는 기대하에 삼성SDI, LG화학도 아이폰 테마주 목록에 이름을 올렸다. 터치패널업체인 디지텍시스템즈, 이엘케이, PCB(인쇄회로기판)업체

아이폰 관련 주요 수혜주

종목명	업종	종목명	업종
컴투스	게임	유비쿼스	유무선 인터넷데이터 전송 장비
게임빌	게임	아모텍	아이폰 부품
네오위즈벅스	디지털 음원서비스	코웰이홀딩스	아이폰 부품
KT뮤직	디지털 음원서비스	KJ프리텍	아이폰 부품
모빌리언스	모바일 소액결제	네오엠텔	임베디드 소프트웨어
다날	모바일 소액결제	MDS테크	임베디드 소프트웨어
다산네트웍스	무선네트워크 장비(프로그램)	예스24	전자책
씨모텍	무선네트워크 장비(프로그램)	디지텍시스템	터치스크린
유엔젤	무선네트워크 장비(프로그램)	이엘케이	터치스크린
인프라웨어	무선네트워크 장비(프로그램)	SK컴즈	포털
안철수연구소	보안 소프트웨어	NHN	포털
옴니텔	보안 소프트웨어	다음	포털

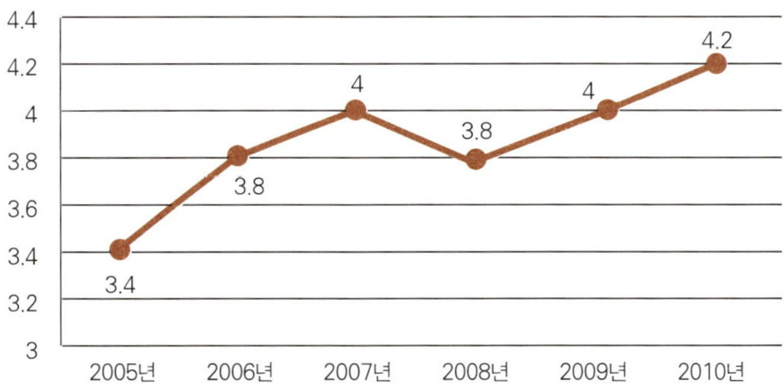

＊단위: 조 원, 2009년과 2010년은 추정치
＊자료: KT경제경영연구소,《서울경제》

인 삼성전기, 대덕전자 등도 아이폰 출시를 반길 종목으로 꼽혔다.

한편 이동사에서 천덕꾸러기 취급을 받던 무선랜이 성장 동력 대접을 받게 됐다. KT의 예를 들면 네스팟존은 1만 4,000여 개에 달했지만 이용자는 40만 명도 안 됐다. 내부에서는 사업을 접자는 말이 나올 정도였다. 그러나 아이폰 출시를 계기로 무선인터넷은 재조명을 받게 됐다.

 ## 아이폰, 얼마나 팔릴까

이제 관심사는 과연 아이폰이 국내에서 성공할까, 그리고 몇 대나 팔

릴까로 접어든다. KT 산하 경제경영연구소는 '아이폰, 몇 대나 팔릴까' 라는 주제로 세미나까지 열었다.

아이폰은 전 세계적으로 2009년 11월까지 3,500만 대가 팔린 것으로 추산됐다. 아이폰 사용자를 중심으로 낙관론이 전개됐다. 도입 과정에서 애플이 한국 소비자를 무시하는 것처럼 보였지만, 아이폰의 기능과 애플리케이션은 충분히 매력적이라는 게 이들의 논리였다. 2009년 10월 휴대폰 판매가 감소한 것도 아이폰 대기 수요 때문이라는 주장이 나왔다.

KT는 마니아층을 중심으로 한 관심 확대를 기대했다. 김우식 KT 개인고객부문 사장은 '70만 대 판매' 라는 구체적인 숫자를 제시했다. 한국기업평가는 아이폰 출시로 폐쇄적으로 운영돼온 모바일 환경에 변화가 초래되고 산업구조도 변화될 수 있다고 전망했다.

아이폰 실패론을 주장하는 측은 "기존 외국폰과의 차별성이 떨어지고 화질과 휴대폰 자체의 기능은 오히려 국내폰만 못하다"고 맞섰다. 앞서 언급했듯이 아이폰의 화질과 휴대폰 자체의 기능은 삼성전자의 옴니아2를 따라오질 못한다. 실패론자들은 우리나라와 마찬가지로 외국폰이 힘을 못 쓰는 일본에서 아이폰이 공짜폰으로 전락한 예를 들고 있다. 한국보다 무선데이터서비스가 더 발달하고 시장 규모가 큰데도 아이폰이 일본에서 초기에 실패한 원인은 강력한 국내폰의 시장 지배력 때문이었다.

국내의 스마트폰 시장 규모도 실패 예측의 근거가 되었다. 2009년 국내 스마트폰 판매량은 40만~50만 대로 2008년 30만 대와 비교해

뚜렷한 상승세가 보이지 않았다. 더구나 세계적으로 스마트폰 시장이 전체의 10%를 차지한 데 반해 국내는 2~3% 수준이었고, 국내 휴대폰 이용자 중 휴대폰으로 인터넷을 이용해본 사람은 52.6%에 그쳤다. 스마트폰이 필요하다고 느끼는 국내 소비자도 많지 않았다. 삼성전자 자체 조사에 따르면, 10대(24%)와 20대(23%)에서만 '스마트폰이 필요하다'고 답한 응답자가 20%를 넘었고, 30대 이후부터는 20%를 밑돌았다. 또 휴대폰을 통한 무선인터넷을 제대로 쓸 줄 아는 사람도 적었다. 무선인터넷을 쓴다면, PC 사용 시와 마찬가지로 정보 검색, 사무용으로 써야 하는데 폰 꾸미기 목적이 가장 컸다. 컬러링과 벨소리 다운받는 용도로만 무선인터넷을 썼다는 말이다.●

애플과 국내 통신사 간의 지지부진한 협상으로 기다리다 지친 소비자들이 다른 휴대폰을 선택한 점도 아이폰의 실패 예측 요인으로 꼽혔다. 아이폰이 '담달폰'이라는 곱지 않은 시선을 받게 되면서 시장에 파고들 적기를 놓쳤다는 얘기다. 실제로 아이폰 출시 전에 삼성전자의 T옴니아와 소니에릭슨의 엑스페리아X1, HTC의 '터치다이아몬드'의 판매가 늘었다. 가격도 싸져서 2년 약정에 8만~12만 원에 구입이 가능했다. 휴대폰업계에서는 "연초 부진했던 외국 스마트폰의 재고를 연내 소진할 수 있을 것"이라고 전망했다.

이 같은 사항을 정리해본 결과, 비관론자들은 국내 아이폰 수요를

126

20만 대 수준으로 예측했다. 일각에서는 이보다 낮은 10만 대를 예상하기도 했다. 국내 스마트폰 시장이 30만여 대 수준이고 아이폰이 그 중 절반의 성공을 이룬다면 얻어낼 수 있는 숫자다.

 ## 텃밭 다지는 국내 휴대폰업체

"아이폰은 소비자에게 새로운 만족을 주고 통신서비스, 휴대폰 제조업, 콘텐츠 개발 등 국내 IT업계 전체에 큰 자극이 될 것이다. 항상 발전은 경쟁을 통한 자극과 긴장이 있을 때 이뤄진다." 이석채 KT 회장이 밝힌 아이폰 도입의 이유다.

스마트폰이라는 새로운 수익원 창출은 삼성전자와 LG전자에게도 나쁠 게 없다. 문제는 선공을 뺏기면 시장을 넘겨줄 수 있다는 것이다. 기존 터줏대감들에게 KT의 도발은 충분한 자극을 줬다.

휴대폰 제조사인 삼성전자와 LG전자는 초반에 아이폰 열기를 진화하는 데만 애썼다. 이들의 소구 포인트는 "들어오지도 않고 국내 소비자에게 낯설기만 한 아이폰보다 친근한 국내폰이 더 낫다"였다.

삼성전자는 9월 29일 햅틱아몰레드의 인기를 이어갈 프리미엄폰 '아몰레드12M'을 선보였다. 카메라폰 최초로 광학 3배줌을 탑재했고 화소만 1,200만에 달했다.

LG전자도 같은 날 '뉴초콜릿폰'을 내놓는다. 2005년 출시된 후 전 세계적으로 2,100만 대 이상 팔린 초콜릿폰의 후속이다. 기존 16 대 9 비율의 풀터치폰과 차별화되는 21 대 9 스크린을 쓰고 여기에 돌비 모바일 사운드 시스템이 더해져 영화관 못지않은 생생함을 재현했다. 뉴초콜릿폰은 영국의 휴대폰 전문지《왓모바일》이 주관하는 '왓 모바일 어워즈(What Mobile Awards)'에서 올해의 휴대폰 부문을 수상하기도 한다(전년 수상자는 아이폰이었다). 광고 모델도 당대 최고 인기 걸그룹 '소녀시대'에, 새로 뜨는 'f(x)'까지 썼다.

새 휴대폰을 출시하면서 두 회사는 아이폰에 대해 "마니아에게는 어필하겠지만 일반 대중에게까지 영향을 미칠 것 같지는 않다"(삼성전자), "아이폰의 수요는 국내 휴대폰 전체 시장으로 봤을 때 한정적이다"(LG전자)는 반응이었다.

일반 휴대폰뿐만 아니라 스마트폰에서도 아이폰 원천 봉쇄에 나선다. 삼성전자는 10월 27일 스마트폰 5종, 소위 옴니아 패밀리를 공개했다. SK텔레콤에서는 T옴니아2, KT에서는 '쇼옴니아', LG텔레콤에서는 '오즈옴니아'라는 이름으로 스마트폰이 출시됐다. 가격은 90만 원대 초반.

하드웨어 부분에서는 옴니아2가 아이폰을 압도한다는 평을 받았다. 화면은 LCD(아이폰)보다 한 단계 위인 아몰레드가 사용됐다. 카메라 기능을 좌우하는 화소도 옴니아2는 500만으로 300만인 아이폰보다 뛰어나다. 작동 속도를 결정하는 CPU(중앙처리장치)도 800MHz급으로 아이폰 3GS(624MHz급)를 앞선다. 옴니아2는 영상통화도 된다. 전화기 자체의 매력으로는 옴니아2가 객관적으로 뛰어난 셈이다.

아이폰에 비해 옴니아의 단점은 정압식 터치감이다. 피부에 흐르는 전류를 터치패드가 인식하여 손끝을 스치는 것만으로도 작동이 가능한 아이팟의 정전식에 비해 압력으로 눌러야 하는 옴니아2의 터치 방식은 정밀한 터치는 가능하지만 터치감은 떨어진다.

삼성전자가 SK텔레콤을 통해 내놓은 T옴니아2는 아이폰 출시 전까지 휴대폰 신제품 판매 1위를 달렸다. 발표회에서 삼성전자 무선사업부장 신종균 부사장은 "옴니아 패밀리를 앞세워 고속 성장하는 국내외 스마트폰 시장을 적극 공략해 스마트폰 대중화 시대를 주도해나갈 것"이라고 말했다. 아이폰 국내 상륙을 앞두고 기선 제압을 확실하게 하겠다는 뜻이었다. 또한 이 자리에서 2010년에는 스마트폰 라인업을 2배 이상으로 늘리겠다는 계획도 발표하고 2010년 초부터는 모든 일반 휴대폰 모델에도 무선랜 기능을 탑재할 것이라고 밝혔다. 무선인터넷 기능 때문이라면 굳이 외국폰인 아이폰에 혹할 필요가 없다는 말을 하고 싶었던 것이다.

아이폰이 한국 시장을 넘보자 삼성전자는 역으로 아이폰의 텃밭인 미국을 공략하겠다고 선언한다. 10월 8일 삼성전자의 두 번째 구글폰인 '모멘트(Moment)'를 미국 이통사인 스프린트를 통해 11월부터 출시한다고 밝혔다. 아이폰의 홈그라운드에서 보란 듯이 아이폰을 꺾어 삼성전자의 위상을 세우겠다는 전략이다. 비록 성공하지 못한다고 하더라도 미국 진출 전략은 최소한 한국 소비자들에게 '우리는 미국에서 아이폰과 당당히 자웅을 겨루는 스마트폰을 갖고 있다'는 인식을 심어줄 수 있다.

LG전자도 삼성전자와 발맞춰 스마트폰을 내놓을 계획이라고 밝혔다. 11월 안승원 MC사업본부장(사장) 직속으로 스마트폰사업부를 신설하면서 2010년 10종의 스마트폰을 선보인다고 밝혔다. LG전자의 스마트폰 사양은 윈도모바일 6.5 운영체제에 카메라 화소는 500만이다.

세계 1위 노키아의 스마트폰도 재조명받는다. '노키아5800 익스프레스뮤직'은 뛰어난 가격 경쟁력과 무난한 성능을 가진 스마트폰으로 해외에서 1,500만 대의 판매고를 올린 히트작이다. KT를 통해 국내에 정식 출시된 '노키아a5800'은 풀터치 방식 스마트폰이지만 가격은 50만 원 대로 일반 풀터치폰보다 싸다.

여기에 아직 출시조차 되지 않은 구글의 안드로이드폰까지 아이폰의 맞수로 거론되었다. 이에 따라 스마트폰 대결 구도는 아이폰 대 '삼성전자+노키아+구글 안드로이드폰'으로 형성된다.

 ## 이통사들의 조금씩 다른 행보

LG텔레콤은 KT와 SK텔레콤과 조금은 다른 행보를 걷는다. 애플리케이션 확보를 위해 자체 앱스토어를 만들기보다는 포털과 손을 잡는다. 10월 27일 NHN, 다음과 '모바일인터넷 오즈(OZ) 서비스 개발 및 제공'에 대한 전략적 제휴를 체결한다. 네이버와 다음의 인기 콘텐츠를 LG텔레콤의 OZ 전용 애플리케이션으로 개발해 휴대폰 대기화면에 전면 배치함으로써 접속 및 사용 편의성을 높인다는 전략이다. 주요 서비스는 네이버의 블로그, 카페, 미투데이, 웹툰, 윙버스 등 13가지이며,

다음은 tv팟, 티스토리, 지도, 가격 비교, 영화 예매 등 8가지 서비스다. LG텔레콤은 서비스 기획과 애플리케이션 및 사용자환경 개발을, 다음과 NHN은 콘텐츠 기획 및 설계를 담당한다.

이 전략은 이통사 3위로서의 위상을 실감한 현실적인 전략이라고 평가받는다. 시장 형성 여부도 확실하지 않은 시장에 베팅하기보다 기존 온라인 1위 매체와의 제휴를 통해 안전하고 확실한 길을 선택한 것이다.

LG텔레콤은 오즈 브랜드로 아이폰을 잡을 수 있다고 자체적으로 판단했다. 오즈 데이터 요금제의 가격 경쟁력이 높기 때문이다(오즈 무한 자유 스마트폰 요금제는 1만 원에 데이터통화 1GB를 제공한다).

아이폰을 두고 KT와 애플 간의 합의가 마무리되어가는 동안에도 SK텔레콤은 아이폰에 대한 미련을 버리지 못했다. 그러나 내부에서는 아이폰 도입을 두고 의견이 엇갈렸다. 특히 KT를 견제하긴 해야겠지만 무리해가며 아이폰을 출시할 필요가 있느냐는 회의론이 만만찮게 전개됐다.

이 고민은 11월 초 구글 안드로이드폰 도입을 결정하면서 일단락된다. SK텔레콤은 11월 초 2010년 1월 출시를 목표로 구글 안드로이드폰 도입을 확정짓고 관련 애플리케이션과 부가 기능 개발에 나섰다. KT와 LG텔레콤도 각각 2010년 상반기, 2010년 2분기 안드로이드폰 출시를 목표로 뛰고 있었다.

 ## 아이폰 요금제로 불붙는 이통사 마케팅

방송통신위원회는 9월 30일 '제2차 무선인터넷 활성화 추진 계획'을 발표했다. 핵심은 요금 인하, 스마트폰 확산, 무선망 개방 확대, 콘텐츠 시장 활성화, 수요 창출이다. 이 정책은 전날 29일 KT가 내놓은 아이폰 요금제와 더불어 아이폰의 연내 출시를 기정사실화한다.

KT의 아이폰 요금제 4종은 3만~9만 원대의 월 정액으로 음성통화와 문자메시지를 쓰는 동시에 무선인터넷을 이용할 수 있는 비교적 저렴한 가격대였다. 애플과 협의 과정에 있던 KT는 '아이폰도 적용한 가능한 스마트폰 전용 요금제'라고 표현하며, "이번 요금 인하안에서 가장 중요하게 생각한 것이 무선데이터 시장 활성화이며, 현재 가입자의 10% 수준인 데이터 요금제● 이용자를 미국 · 일본 수준인 30~40%까지 끌어올리는 것이 목표"라고 덧붙였다.

짐짓 태연한 척하던 이통사들은 KT의 아이폰 요금제가 발표되자 발끈한다. 보조금은 요금제에 따라 상이했지만, 최소 41만 8,000원에서 최대 81만 4,000원이었다. KT의 월 9만 5,000원짜리 요금제(24개월 약정)인 i-프리미엄을 택한 고객은 81만 4,000원짜리 아이폰 3GS를 공짜로 가져갈 수 있는 것이다(애플을 상대로 한 KT의 굴욕적인 협상 논란을 일게 한 대목 중 하나다).

● 무선데이터 요금은 2가지로 나뉜다. 일반 휴대폰으로 이동통신업체의 모바일 포털사이트에 접속하는 간접 방식, PC를 쓸 때처럼 웹사이트에 바로 연결하는 직접 연결 방식이 있다.

구분		i-슬림	i-라이트	i-미디엄	i-프리미엄
기본료		35,000원	45,000원	65,000원	95,000원
보조금		418,000원	550,000원	682,000원	814,000원
아이폰 구매액 (=소비자 부담금)	아이폰 3GS 32GB (출고가: 946,000원)	528,000원	396,000원	264,000원	132,000원
	아이폰 3GS 16GB (출고가: 814,000원)	396,000원	264,000원	132,000원	0원
	아이폰 3G 8GB (출고가: 682,000원)	264,000원	132,000원	0원	0원

＊가입 기준: 할부 개통시에만 지원 가능　＊자료: www.show.co.kr

한 업체가 공격적으로 마케팅에 나서면 모두가 불나방처럼 경쟁에 뛰어들어 출혈 경쟁으로 이어지는 게 이동통신사 시장의 특징이다. 이통사의 분기별 실적의 관전 포인트가 마케팅 비용이 될 정도다.

2009년 5월과 6월 보조금 경쟁이 최고조에 달했을 때는 일부 단말기에 60만 원 이상의 보조금이 붙기도 했다. 하지만 이후 이통사 간 합의에 따라 보조금은 20만 원 안팎으로 축소된 상황이었다.

KT의 아이폰 보조금은 판매가의 50% 수준이었고 이 파격적인 규모에 이통사는 크게 반발했다. 휴대폰 제조사도 반발했다. 아이폰에서 손해 본 부분을 제조사에게 떠맡길 거라는 불안감 때문이다. 제조사 입장에서는 고가 정책을 고수했던 일부 프리미엄 제품군의 가격을 낮춰야 하는 부담도 떠안게 됐다. 저가로 공급되는 아이폰에 대응하려면

구분	이통사	할인 내용
가입비 인하	SKT	11월 30일부터 가입비 27% 인하
	KT	12월 1일부터 가입비 20% 인하
신규 가입자 대상 보조금만큼 통신료 할인	KT	11월 5일부터 최대 104만 4,000원 할인(30개월 사용 기준)
	LGT	18개월 또는 24개월 약정 전제 11~25% 요금 할인
스마트폰 보조금 경쟁	KT	아이폰에 21만~38만 원 지원(요금 할인 별개)
	SKT	T옴니아2에 33만~35만 원 지원(24개월 약정 기준)
가입자 지키기	SKT	11월 20일부터 우수 고객 상대로 신규 가입자만큼 보조금 지원
	KT	12월 1일부터 장기 고객 보조금 지원 실시
	LGT	12월 중순부터 장기 고객 보조금 지원 실시

＊자료: 방송통신위원회, 각 사, 《문화일보》

어쩔 수 없는 선택이었다. 100만 원 받던 제품의 판매가를 30만 원 정도로 낮춰 팔아야 하니, 제조사 입장에서는 떨어진 수익성에 심기가 편할 리 만무했다.

여기에 아이폰 출시 효과를 반감시키기 위한 경쟁 이통사의 김 빼기 작전까지 더해지면서 보조금의 폭은 더욱 커진다. 각종 마케팅으로 휴대폰 교체 수요 자체를 줄여놓으면 신제품의 출시 효과는 떨어질 수밖에 없다. 출시할 때부터 시원찮은 제품의 인기는 지속될 수 없고, 신제품의 약발은 곧 떨어지게 된다. 이러한 점을 감안해 이통사들은 경쟁사의 신제품이 쏟아지기 전 대대적인 판촉전을 펼친다. 타사의 신제품 출시 직전 인터넷 장터에 공짜 단말기 판매가 급격히 느는 것도 이런 이유에서다.

이밖에도 SK텔레콤은 장기 가입자가 휴대폰을 바꿀 때 보조금을 지급하는 장기 가입자 우대 정책을 마련한다. 자사의 가입자 이탈을 방어하겠다는 전략이다. 또한 T옴니아 가격을 아이폰 수준으로 낮추는 안을 검토하고 나섰다. 충성도 높은 장기 고객들을 많이 보유하고 있는 SK텔레콤으로서는 만만치 않은 비용이 들어가는 선택이다. 그러나 다른 이통사에 수요를 뺏기기보다는 비용 부담을 해서라도 일정 정도의 수익을 얻는 게 더 낫다는 판단에 따른 것이다.

LG텔레콤도 보조금 경쟁이 재현될 조짐이 보이자 대안 마련에 고심한다. LG텔레콤은 내부적으로 90만 대 중반대가 예상되는 오즈옴니아의 가격을 아이폰 수준으로 맞추는 방안을 고민한다.

 ## 이통사의 간섭을 거부하는 애플

국내 정부의 법망에 걸려 답답해하던 애플은 독자적으로 위치정보사업자 신청을 한다. 이미 방통위로부터 위치정보사업자 허가 없이도 국내 출시가 가능하다는 허가를 받았으나 위치정보서비스 주체는 애플이 아닌 이통사여야 한다는 단서 조항이 붙었고, 애플은 이조차 못마땅했던 것이다.

각종 서비스를 두고 애플과 KT는 막판까지 치열한 신경전을 펼쳤다. 애초 KT는 아이폰의 무선랜을 제거해달라는 요구까지 했다. KT의 의도대로 됐으면 중국처럼 아이폰의 한국 시장 진입은 실패했을 것이고 애플 쇼크는 없었을지도 모른다. 아이폰 구입 희망 이유를 묻는 설문조사에서 응답자들은 무선랜 기능을 가장 많이 꼽았다(29.8%). 디자인(24.6%), 소프트웨어 다운로드 기능(16.1%), 터치 기능(12.4%)이 그다음 순이었다.●

애플은 KT의 요청을 거부했다. 그러자 KT는 대안으로 무선랜 기능을 로그인 방식으로 제어 가능하게 해줄 것을 요청한다. 무선랜 기능을 사용자 선택으로 개방하면 스카이프 등의 인터넷전화 사용이 확대돼 수익성이 줄어드는 반면 제어가 된다면 네스팟의 활성화, 유무선통합(FMC) 서비스 등의 시장 확대가 가능해진다. 그러나 애플은 이 역시 글로벌 정책에 어긋난다며 거절했다.

전 세계적으로 균등한 폰을 공급하는 애플로서는 핵심 기능인 GPS 운용 주체가 자신이 될 수 없는 상황을 납득하기 어려웠을 것이다. 애플은 이통사와 지리한 신경전을 펼치느니 차라리 정부에게 직접 인증받겠다고 나섰고, 방통위로부터 11월 18일 최종 승인을 받는다. 이로써 아이폰은 무선랜 중계기 및 이동통신 기지국의 위치정보와 부가적인 GPS 정보를 활용한 서비스들을 제공할 수 있게 됐다.

그러나 분실된 아이폰 위치를 찾을 수 있는 파인드마이아이폰 기능은 할 수 없게 됐다. 사생활 보호 문제가 걸려 있기 때문에 이번 허가

● 일본 온라인 리서치사인 마크로밀의 한국 법인인 마크로밀코리아의 조사 결과. 대상은 10~40대 남녀 1,000명, 발표 및 조사 시점은 2009년 9월.

범위에 들어 있지 않다는 것이다. 파인드마이아이폰을 제공하려면 애플은 다시 방통위에 이용자 동의, 정보 관리 부문에서의 암호화, 개인 위치 정보의 사용 즉시 파기 의무 등과 관련된 허가를 받아야 한다. 이와 관련하여 애플코리아는 조만간 국내에서도 파인드마이아이폰을 제공할 계획이라고 밝혔다.

이밖에도 애플은 국내 게임물 등급 규정을 수용하지 않았다. 국내법상 모든 게임은 사전에 게임 등급 심의를 받아야 한다. 앱스토어의 콘텐츠는 개발자가 애플로 보낸 뒤 애플로부터 동의를 받으면 앱스토어에 게시되는 구조다. 별도의 심의 과정을 거치지 않는다. 애플은 전 세계 모든 국가에 동일한 기준으로 자사의 제품과 유통망을 관리하고 있으며, 다른 나라에서는 앱스토어에 게임을 등록하는 과정에서 등급 심의를 받지 않는다.

그 결과 국내 앱스토어에는 게임 카테고리가 제공되지 않는다. '공식적으로는' 게임 애플리케이션이 없는 것이다. 대신 엔터테인먼트 카테고리에 게임이 올라와 있다. 애플의 입장에서는 한국에 한해 게임 등급 심의를 인정해줌으로써 종전까지 유지해왔던 '글로벌 스탠더드'를 깨느니 막대한 이익을 포기하면서라도 수용 거부를 택한 것이다.

한편 KT는 아이폰 도입 이후 급증할 무선인터넷 트래픽 대비책도 이미 마련했다. 미국의 아이폰 공급사인 AT&T는 아이폰 도입 이후 초기 트래픽이 350% 이상 늘어나 네트워크 과부하 및 속도 저하로 애를 먹었다. KT는 이러한 어려움을 보고 미리 무선데이터량 관리 작업에 나섰고, 무선랜과 와이브로망을 점검해 3G 이동통신망에 집중되는 트

래픽을 분산시키는 전략을 짰다. 아이폰 도입 이후 KT의 무선 트래픽
은 10배 이상 늘어났다.

 **애플이 고집을 세운 진짜 이유**

비즈니스업계에서 가장 좋은 것은 '윈-윈'이다. 협상을 통해 서로 양
보해가면서 타협점을 찾아가는 게 최선이다. 그러나 KT와 애플 간 협
상 과정을 보면 애플은 외곬으로 보일 정도로 타협을 모른다. 애플이
원래 거만해서일까, 아니면 무슨 속내가 있어서일까?

일단 통신업계의 법칙부터 파보자. 이제껏 휴대폰 시장에서 '갑'은
제조사가 아니라 이통사였다. 이통사가 토라져서 제품을 쓰지 않겠다
고 하면 제조사 입장에서는 도리가 없다. 제조사는 이통사에 따라 맞
춤식 운영체제와 프로그램을 상이하게 만들어줘야만 했다. 휴대폰 시
장은 각 제조사의 실력과 상관없이 '이통사와의 관계 사업'이라는 말
까지 나왔다.

국내 휴대폰 제조사가 애플을 얕본 것도 이 때문이다. 컴퓨터, MP3
플레이어 사업만 해온 애플에게 휴대폰 시장은 황무지나 다름없는 곳
이었다. 애플이 '관계' 중심의 기존 비즈니스 생태에 따른다면 아이폰
은 이통사에 입맛에 따라 좌지우지될 수밖에 없는 것이다.

애플이 세계 각국에 글로벌 스탠더드 조건을 내건 것은 생존을 위한
선택이었다. 만약 예외를 인정하는 국가가 나온다면 이는 다른 국가의

이통사에게 선례가 될 것이다. 그리고 이로 인해 아이폰 출시국을 넓힐 때마다 이통사와 겪어야 하는 신경전에서 애플의 위상은 지금보다 약세일 수밖에 없을 것이다.

결국 애플이 자신이 설정한 글로벌 스탠더드를 KT에 밀어붙였던 이유, KT가 기존에 이통사로서 누렸던 지위를 포기하면서까지 아이폰을 택한 이유, 둘 다 생존을 위한 선택이었던 셈이다.

 ## 아이폰 협상은 KT의 굴욕?

KT는 애플과 계약을 맺으면서 단말기와 앱스토어의 관리와 운영은 모두 자신이 관리하겠다는 애플의 방침을 그대로 수용했다. KT도 다른 해외 이통사와 마찬가지로 애플에 단지 통신망만 빌려주는 역할만 하게 되는 셈이다. 아이폰에 쇼인터넷, 쇼다운로드팩, 쇼비디오, 쇼웹서핑, 쇼도시락를 비롯해 12월에 오픈하는 모바일콘텐츠 오픈마켓인 쇼앱스토어 등 KT의 주요 서비스, 쇼영상통화도 넣지 못했다. 쇼앱스토어도 애플 앱스토어에 손님을 뺏겨 결과적으로 수익성 확보가 어려울 것이다.

KT의 한 관계자는 "아이폰은 애플이 거의 다 쥐고 있기 때문에 우리가 할 수 있는 게 없다"며 "대신 구글의 안드로이드폰을 PC와 휴대폰, 셋톱박스, IPTV 등으로 확산하는 것을 검토하고 있다"고 말했다. 결과적으로 KT는 많은 노력 끝에 아이폰을 들여왔지만 수익성은 안드로이드폰이나 쇼옴니아에 바라는 모순된 모습을 보이는 것이다.

쇼옴니아에는 KT의 노력이 많이 깃들어 있다. 아이폰은 무선인터넷이 지원되는 지역에서만 공짜로 무선인터넷을 쓸 수 있지만, 쇼옴니아는 무선인터넷이 지원되지 않는 지하철 등에서도 가능한 와이브로망 무선인터넷을 2010년 3월까지 공짜로 제공한다. 또 쇼옴니아 사용자는 와이파이와 와이브로● 서비스 지역에서 070 인터넷전화를 무료로 쓸 수 있게 했다. 이 또한 아이폰과 차별된 점이다.

KT가 최근 주력 서비스로 내놓은 유무선통합서비스(휴대폰으로 집에선 인터넷전화, 밖에서는 3세대 이동통신을 이용하며 요금을 절감할 수 있는 서비스)도 아이폰에서는 지원이 안 되는 반면, KT가 개발 단계부터 직접 참여한 쇼옴니아는 세계 최초로 와이브로를 탑재하고 인터넷전화를 같이 쓸 수 있는 유무선통합 스마트폰이다.

한편 각 대리점 인테리어까지도 애플의 지나친 통제를 받는다는 비판이 제기되었다. KT는 아이폰을 거치대와 함께 전용 장식대에 진열하게 하고 아이폰이 진열된 공간 주변에 다른 단말기를 진열하는 것도 금지했다. 진열대에 타사 단말기는 옹기종기 모여 있는 반면, 아이폰은

● 와이파이(Wi-Fi)는 Wireless Fidelity의 약자. 3G가 무선 기반인 데 반해 와이파이는 유선을 기반으로 한 무선랜 기술의 일종이다. 가정이나 사무실 등 일정 공간까지는 유선으로 연결된 인터넷망으로 연결하고, 이 망에 무선접속장치(Access Point, AP)를 달아 반경 수십 미터 내외의 노트북이나 스마트폰에 무선으로 인터넷을 지원하는 기술이다.
와이브로(Wi-Bro)는 Wireless Broadband의 약자. 기지국을 중심으로 반경 1km 내외에서 유선 못지않은 초고속 무선인터넷을 가능하게 하는 기술로, 3G보다 데이터 전송 속도가 3~4배 빠른 것으로 알려졌다.

넓은 자리를 차지하는 것이다. 또한 매장별로 최소 2명 이상의 직원이 아이폰 교육을 받도록 했고, 교육을 받은 뒤 별도의 시험을 거쳐 80점 이상이 나올 경우에만 아이폰 안내를 맡도록 했다. 또 대리점 내에서 인터넷 접속을 통한 시연이 가능하도록 각 대리점은 반드시 무선인터 넷이 가능한 환경을 구축하도록 했다.

국내폰은 14일 내 환불이 가능하지만 아이폰은 개통하면 취소가 안 된다는 약관도 논란이 됐다. KT는 이 같은 논란을 피하기 위해 대리점 직원들에게 아이폰 구입 고객에게 반드시 각서를 받으라는 지시까지 한 것으로 알려졌다. 이는 애플과 협의한 내용으로 일부 블로거들은 "아이폰이 국내법을 초월한다"고 비난했다.

한 업계 관계자는 "애플은 구글의 인터넷전화 프로그램인 구글보이 스를 자사 앱스토어에서 판매하지 못하도록 막고 있다"며 "애플 역시 자사 이익에 반하면 사용자 이익에 반하는 폐쇄적인 정책을 펴고 있 다. '애플=사용자 친화'라는 맹신을 경계해야 한다"고 지적했다.

이 같은 맥락에서 아이폰을 용병에 빗댄 표현은 적확해 보인다. "아이폰이라는 해외 용병은 해방군이 아니나. 착하거나 나쁜 자본이 란 없다. 공적인 역할이나 기능을 자처할 자본도 없다. 더 많은 이윤 을 내기 위해 다양한 전략을 취사선택하는 가운데 어떤 것은 착하고 또 다른 것은 나쁘게 보일 뿐이다(《시사인》 2009년 116호, '괴물 용병 아이 폰의 힘')."

높은 보조금을 지불하고도 이처럼 무선데이터 부분에서 주도권을 뺏긴 KT의 상황을 두고 일각에서는 'KT의 굴욕'이라는 표현을 쓰기

비용	수익
– 보조금 규모: 대당 60만 원 가정	– 월 정액료 합: 130억 원(×24개월)
– 월 정액료: 6만 5,000원	– 무선인터넷 시장에서의 잠재적 가입자 확보
– 예상 비용: 1,070억 원(마케팅 비용 별도)	– 스마트폰 시장 본격화를 통한 브랜드 가치 제고

＊비용: 출시 후 한 달 동안 가입한 20만 명분
＊정액료 기준 요금제는 중상급인 i-미디엄

도 했다. 그러나 KT가 더 많이 얻어 가는 게임이라고 주장하는 이들도 있다. 이들은 아이폰 고객이 주로 비싼 요금제를 쓰는 우량 고객이란 점에 주목해야 한다고 말한다. 오랫동안 높은 충성도를 자랑하던 SK텔레콤 사용자를 뺏어 올 수 있다는 것은 수익을 뛰어넘어 더 큰 효과를 가져다줄 수 있다는 것이다.

또 SK텔레콤이 공고히 다져놓은 통신업계에서 KT의 지위를 높인 것도 큰 소득이라고 말한다. 위상 변화는 주가로 확인된다. KT의 주가는 그동안 '누워 있다'고 볼 수 있을 정도로 변화가 없었다. 2009년 6월 KTF와의 합병으로 시가총액 10조 원(KT)과 6조 원(KTF)짜리가 합쳐진 통합 KT가 된 후에도 별다른 미동 없이 시가총액이 9조 원 수준에 머물기도 했다.

하지만 아이폰이 등장한 이후 주가는 움직이기 시작한다. 아이폰이 출시됐을 때 기관 투자자들의 반응은 '숫자(매출)가 나올 때까지 두고 보자'였다. 출시 후 한 달이 지나자 투자자들은 상승장 속에 KT를 SK

텔레콤과 함께 투자 포트폴리오에 담는다. 이 기간에 KT가 대량 구조조정을 해 몸집을 가볍게 한 것도 주가를 올린 원인 중 하나로 분석되지만 더 큰 요인은 아이폰이라는 데 전문가들의 이견은 없다. 2010년 1월 유럽 재정위기로 증시가 출렁였을 때도 KT의 주가는 SK텔레콤에 비해 상대적으로 견고했다.

 ## 아이폰은 2등들의 무기

아이폰은 2등들의 무기라는 말이 있다. 아이폰을 들여온 KT부터 보자. KT는 통화 품질 면에서나 고객의 충성도 면에서나 SK텔레콤에 눌려 만년 2위 신세였다. 획기적으로 시장의 판을 흔들지 않으면 만년 2위로 지내야 하는 생존의 문제를 고민해야만 하는 처지였던 것이다.

무리하지 않아도 시장을 유지할 수 있었던 SK텔레콤이 애플의 '오만한' 협상 카드를 뿌리쳤던 것은 어찌 보면 당연한 선택이었을지도 모른다. 물론 결과적으로 SK텔레콤은 현재만 보고 미래를 보지 못했다는 비판을 피하긴 어려워 보인다.

흥미로운 점은 아이폰을 역전의 수단으로 삼으려는 업체들은 KT 외에도 대부분 2위라는 것이다. 국내뿐 아니라 대부분의 국가에서 아이폰 유통망으로서 손잡은 이통사는 1위가 아니다.

은행권에서 아이폰에 러브콜을 보낸 것도 2위권 은행이었다. 본래는 모바일금융협의회를 통해 은행들이 공동으로 아이폰용 애플리케이션

을 개발해오고 있었다. 그런데 하나은행과 기업은행이 이를 거부하고 나섰다. 이들 은행은 국민, 신한, 우리은행에 비하면 2위권이다. 두 은행이 서두른 이유는 전 세계에서 먹힌 아이폰이 한국 시장에서도 돌풍을 일으킬 것이고 그렇게 되면 뱅킹 애플리케이션 또한 폭증할 것이라는 판단에서였다. 새롭게 만들어지는 모바일뱅킹 시장에서 위치를 공고히 해 기존의 시장 구도를 바꾸겠다는 게 이들 2위권의 전략이었다.

그러나 1위권 은행은 모험할 필요성을 느끼지 않았다. 이들은 시장 상황이 미성숙한 모바일뱅킹에 지금 진출하는 것은 위험하다고 생각했다. 시장이 성숙 단계에 이를 때 뛰어들어도 기존에 다져온 시장 지배력을 토대로 단숨에 시장을 휘어잡을 수 있는 능력을 지녔다고 자체적으로 판단했을 것이다.

한편 SK텔레콤은 애플의 고압적인 자세와 보조금이나 물량 등의 협상 조건이 무리하다고 판단돼 아이폰을 포기한 것으로 알려졌다. 또

고가 휴대폰 시장에서 주도권을 빼앗길 것을 우려한 삼성전자와 LG전자가 SK텔레콤에 아이폰에 대항할 만한 휴대폰을 당분간 독점 공급할 테니 아이폰 도입 계획을 접으라고 제안한 것도 또 다른 이유였다.

아이폰 출시 후 SK텔레콤의 입장은 다소 변한다. 애플과 협상을 이어가고 있으며, 조건만 맞으면 아이폰을 들여올 수 있다는 입장이다.

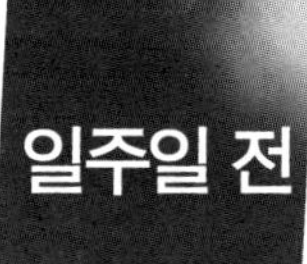

애플 쇼크 일주일 전
이틀 만에
옴니아2를 넘다

2009년 11월 22일 KT는 아이폰 출시를 공식 발표했다. 출시 시점은 28일, 판매 기종은 아이폰 3G(8GB)와 아이폰 3GS(16GB · 32GB), 이렇게 3가지. 예약은 22일부터 이뤄졌다. 예약 창구인 KT의 폰스토어는 첫날 다운될 정도였고, 아이폰이 무엇인지 또 이에 따라 무엇이 달라질지에 대한 전망 기사가 쏟아졌다.

아이폰이 나오기까지 7일간의 기록을 요약하면 '설렘 혹은 두려움'일 것이다. 아이폰을 갖고자 하는 이들에게는 설레는 일주일이었고, 기존 국내 맹주들에게는 초조한 기간이었을 것이다.

아이폰의 힘은 막강했다. 단 이틀 예약판매만으로 옴니아2의 한 달치 판매량을 뒤집는다. 쇼크는 시작됐다.

 ## 사전 예약만으로 한국을 뒤흔들다

"한국이 아이폰 출시에 흔들린다."

《월스트리트저널》은 11월 26일 이같이 보도했다. 예약 창구인 KT의 '폰스토어'•에 로그인한 사용자는 아이폰 예약판매 전인 20일 3만 3,784명, 21일 2만 4,559명에서 예약판매 접수 첫날인 22일 11만 9,279명으로 급증했다. 23일은 17만 7,866명으로 치솟았다. 첫날에는 예약 홈페이지가 다운되기도 했다.

사이트 개설 이후 방문자에게 마일리지 제공 등 각종 혜택을 제공해

● 폰스토어(phonestore.show.co.kr)는 KT가 신뢰할 수 있는 온라인 휴대폰 거래를 보장하기 위해 2009년 8월 직접 개설해 운영하는 사이트다.

도 실제 로그인한 인원이 하루 4만 명을 넘은 적이 없었다. 그 어떤 프로모션보다 아이폰 이벤트 자체의 파워가 더 셌던 것이다.

아이폰이 뭔지 구경하기 위해 들락날락한 것도 아니었다. 이들 상당수가 실제로 예약 신청을 했다. 첫날 예약판매 가입자만 1만 5,000명, 이튿날 2만 7,000명, 3일째 3만 6,000명으로 늘더니 예약 가입자만 6만 5,000명에 이르렀다.

반면 국내 최대 경쟁폰인 삼성 옴니아는 1년간 16만 대가 팔렸고, 10월 출시된 옴니아2는 한 달 동안 2만 대가 판매됐다. 그동안 속앓이를 하던 KT는 한 방에 가슴에 쌓였던 응어리를 푼다.

한편 아이폰 얼리어답터로 흥미로운 인물이 등장한다. 박용만 (주)두산 회장은 자신의 트위터에 "아이폰 신청한 분들 축하합니다. 잘하신 거예요"라는 글을 올렸다. 아이폰 예약판매가 시작된 3시간 후에 올린 글이다. 그는 "경험자로서 하는 얘기다, 아이폰 쓰다가 다른 폰으로 갈 아타는 일은 아마 없을 것이다"라고 기다렸다는 듯 소감을 남겼다.

박 회장은 평소 차 안은 물론 술자리에서도 아이폰으로 트위터에 접속해 글을 올리는 것으로 알려졌다. 박 회장은 앞서 KT 트위터에 "아이폰 언제 나옵니까? 회장님께 직접 전화드릴 수도 없고"라는 글을 남긴 바 있다.

창조 디자인으로 유명한 김영세 이노디자인 대표는 자신의 두 번째 책《이매지너》를 스마트폰으로 썼다고 밝혔다. 아이폰에 기록한 메모를 모바일 무선인터넷을 통해 출판사에 보내 책을 냈다는 것이다.

 ## 통신업·유통업계는 KT가 얄밉다

아이폰 출시 이전까지 전선은 SK텔레콤과 나머지들의 대결로 형성됐다. SK텔레콤의 시장점유율이 50.6%에 이른 상황에서 어쩔 수 없는 그림이었다. 확고한 시장점유율에 품질로도 인정받는 SK텔레콤을 넘기 위한 나머지 이통사들의 노력은 소리만 요란해 보였다.

아이폰 출시 후 구도는 바뀐다. KT 대 반(反)KT. 아이폰에 힘을 싣기 위한 KT의 보조금 정책이 가장 큰 원인이었다. 통신업계 관계자는 "KT가 국내 제품과 아이폰의 형평성을 맞추지 않으면 자칫 아이폰을 앞세운 KT와, 국내 다른 통신사업자와 제조사들이 연합한 '반KT' 간에 시장 쟁탈 경쟁이 벌어질 수 있다"고 말했다.

KT는 폐쇄적인 유통 정책으로 쇼핑몰에서도 반감을 산다. KT가 자사의 쇼핑몰인 KT몰(QookTV쇼핑)에서만 아이폰을 팔기로 했기 때문이다. 다양한 휴대폰이 오픈마켓을 통해 가격경쟁을 하는 상황에서 아이폰만 판매 창구를 일원화하는 것은 논쟁의 여지가 많았다. KT의 폐쇄적인 유통 정책은 공교롭게도 맞수인 SK텔레콤이 운영하는 쇼핑몰 11번가를 통해 알려졌다.

SK텔레콤의 오픈마켓 11번가는 아이폰의 예약판매를 실시했다가 하루 만에 중단했다. 휴대폰 도매업체가 KT와의 협의 없이 11번가에 물량을 넘겨주기로 했다가 이를 취소한 것이다. KT는 애플이 아이폰의 애프터서비스 등을 철저히 관리하기 때문에 일반 대리점이 아닌 엄선된 판매망에서만 유통할 수밖에 없다는 입장이다.

 ## 막차라도 좋으니 아이폰 라인에 타자

예약판매만으로 아이폰의 위력을 실감하자 기업들은 더 늦기 전에 아이폰 라인에 들기 위해 각종 제품을 발표한다.

KT 계열의 KT뮤직은 아이폰 전용 음악 상품을 출시했다. 아이폰 고객들이 '40＋10' 음악 다운로드 상품을 이용하면, 추가로 10곡 다운로드 혜택을 준다. 더불어 1만 7,000원 상당의 아이폰 액정보호필름도 제공했다. 골프장 코스 가이드 콘텐츠도 개발에 들어갔다. 모바일콘텐츠 개발사인 드림나루는 골프장 코스 가이드 '야디지북'의 제작사인 한국지오매틱스와 모바일용 골프 코스 서비스 콘텐츠 제공에 관한 양해 각서를 체결했다.

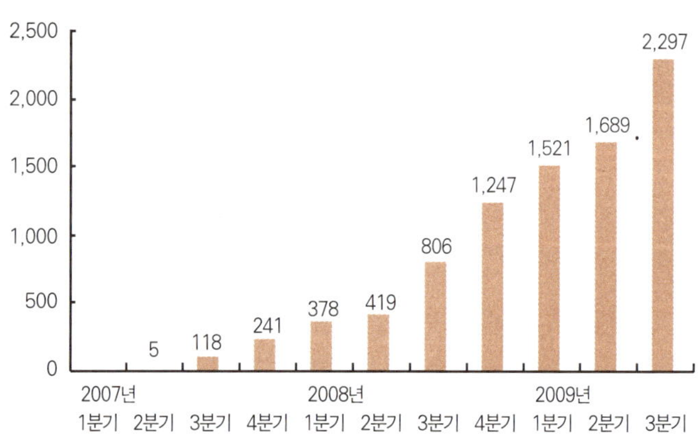

아이폰을 비즈니스 환경에 적용하려는 기업들이 늘어남에 따라 단말기를 기존 업무 프로세스와 연동하는 기술에 대한 문의가 늘었다. 소프트웨어 기업들은 바뀐 시장에 민첩하게 대응하기 위해 모바일팀을 신설하고 신규 사업을 구상하는 등 아이폰 연계 비즈니스를 서둘러 추진했다. 안티스팸 솔루션업체 지란지교소프트는 아이폰 출시 전 모바일팀을 신설했다.

핸디소프트는 기업용 솔루션 세미나를 통해 아이폰에 자사 업무 프로세스 관리 기술을 접목한 제품을 출시할 계획을 밝혔다. 안티스팸, 보안웹하드 등 기업용 애플리케이션 시장에서 두각을 나타내고 있는 이 회사는 신사업으로 모바일 분야를 선정했다.

아이폰 액세서리업계도 한몫 챙기려 분주하게 뛰었다. 이제껏 휴대폰 액세서리 시장은 싼 중국산 제품이 지배했다. 국내 업체들은 이윤이 남지 않는 분야라며 진입할 생각조차 하지 않았다. 그러나 아이폰 액세서리는 달랐다. 애플은 상품만이 아니라 액세서리 시장도 남달라 액세서리로 2, 3차 추가 구입이 당연시되어왔다. 아이폰도 예외는 아니다. 기존 휴대폰 액세서리가 1,000원대인 데 반해, 아이폰 액세서리는 3만~4만 원을 호가했다. 더 비싼 아이템도 적잖았다.

아이폰과 아이팟 주변 기기 시장 규모는 전 세계적으로 연간 2조 원에 달할 것으로 추정된다. 미국 아이폰 사용자들의 70%는 전용 주변 기기 5~6개를 13만 원씩 들여 구매하고 있는 것으로 나타났다.

국내에도 아이폰 액세서리 수요는 현실로 확인된다. 아이폰 공식 출시 후, 소비자들이 관련 액세서리를 구입하는 주 통로인 인터넷쇼핑몰

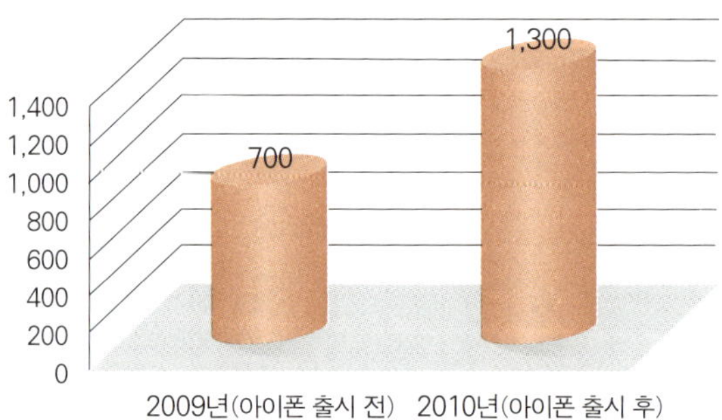

＊자료:《디지털타임스》　＊단위: 억 원

에서는 금주 최고 인기 검색어로 아이폰이 떠오른다. 롯데닷컴에 따르면 11월 23일과 24일 이틀간 아이폰 액세서리 관련 주문 건수는 전주에 비해 품목당 8배 이상 증가했다. 아이폰 전용 케이스 중 하나인 '인케이스 슬라이더(Slider for iPhone3G/3Gs)'는 24일 하루에만 320개가 판매됐다. 한국벨킨은 아이폰 출시에 맞춰 아이폰 액세서리를 다수 출시했다. 아이폰 케이스, 듀얼 USB 충전기, 비디오 출력이 가능한 비디오 케이블 등이다. 독일 음향 기기업체 니스코도 아이폰 호환 스피커 '듀얼팝 100'을 출시했다.

　새로운 상품이 늘자 오픈마켓도 아이폰 맞이 채비에 나섰다. 오픈마켓 1위 G마켓은 11월 중 아이폰에 최적화된 애플리케이션을 개발, 애플 앱스토어에 내놓고 그다음 달부터 모바일에서 쇼핑이 가능하도록 준비했다. 봉제업체 트라이디어도 애플사 전용 프리미엄 가족 액세서리 브랜드인 '신스틸러(Scene Stealer)'를 선보였다. 애플 액세서리 체험 매장인 프리스비도 아이폰 덕에 주목받았다.

모바일 광고 산업도 아이폰 출시 후 주목받게 됐다. 스마트 시장이 커지고 콘텐츠가 늘어나면 광고 시장도 커질 수 있다는 분석에서다.

 ## 아이폰 수혜주는 과속?

아이폰과 직접적으로 연결되지 않더라도 무선인터넷과 관련된 것이라면 주가는 고공 행진했다. 와이브로주가 대표적이다. IBK투자증권의 홍진호 애널리스트는 "아이폰 출시와 직접적인 관계가 없지만 정부의 와이브로 활성화 정책과 아이폰 출시로 인한 무선인터넷 시장 확대 기대감에 영향을 받은 것으로 보인다"고 말했다.

10월부터 아이폰주로 관심을 모았던 모바일게임주는 예약판매가 시작된 이후 오히려 주가가 빠졌다. 쌍두마차인 컴투스와 게임빌의 주가는 11월 23, 24일 각각 11.0%와 4.3% 하락했다. 아이폰이 국내에 출시되면 수익의 폭이 늘어날 것이라는 기대감에 매수세가 몰렸다가 아이폰 출시가 확정된 후 빠진 것으로 보인다.

정작 KT는 이때까지 수혜주 반열에 들지 못했다. 보조금 등 마케팅 비용 부담과 아이폰으로 인한 우량 고객 확보 및 무선데이터 활성화로 인한 수익, 이 둘 중 무엇이 더 클지 아직 계산이 끝나지 않았기 때문이다.

삼성전자와 SK텔레콤이 움직인다

KT와 애플의 만남이 가장 못마땅한 기업 둘을 꼽으라면, 삼성전자와 SK텔레콤일 것이다. 아이폰 도입 후, 두 기업의 움직임은 KT와 애플의 조합보다 더 세간의 관심거리가 된다. 각 CEO의 만남에서 나온 대화 내용이 '그렇다더라' 정도만 확인되어도 바로 기사가 나올 정도였다.

11월 23일 이뤄졌던 최지성 삼성전자 사장과 이석채 KT 회장의 만남도 관심사였다. 23일은 아이폰 예약판매 이틀째였다. 두 수장의 만남이 이뤄진 장소는 서울 조선호텔에서 열린 '전파 방송 컨퍼런스 2009' 행사장이었다. 이 자리에서 최 사장은 "최소한 공정한 경쟁을 할 수 있게 해줘야 하는 것 아니냐"며 KT의 아이폰 전략에 서운함을 표현했다.

아이폰 가격 및 요금제

요금제		i-라이트	i-미디엄	i-프리미엄
기본료(원)		45,000	65,000	95,000
무료 제공	음성(분)	200	400	800
	문자(건)	300	300	300
	데이터(MB)	500	1,000	3,000
실구매가(원)	아이폰 3GS 32GB	396,000	264,000	132,000
	아이폰 3GS 16GB	264,000	132,000	0
	아이폰 3GS 8GB	132,000	0	0

＊자료: 연합뉴스

삼성전자는 수원 사업장에서 '자사 휴대폰 쓰기 캠페인'을 펼쳤다. 삼성전자 측은 "캠페인은 가급적 우리 제품을 쓰자는 취지로 시작됐으며 이번이 처음이 아니다"라고 밝혔으나 대부분의 이들은 아이폰을 겨냥한 조치라고 보고 있다.

서운한 마음으로 끝난 게 아니라 삼성전자는 기선 제압을 위해 대대적인 마케팅 전략을 확정짓는다. 삼성전자 고위 관계자는 아이폰 출시에 맞춰 T옴니아2의 TV광고를 자제해왔다며 앞으로 T옴니아2의 본격적인 마케팅에 나설 것이라고 말했다. 광고에서는 T옴니아의 하드웨어 측면을 강조하고 있다. 옴니아2 가격도 대폭 내린다. 가격 인하 소식은 아이폰 공식 출시 이틀 전 26일 발표된다.

T옴니아2는 2009년 10월 15일 선보였다. 출고 가격은 2GB 기종(M710)이 92만 4,000원, 8GB 기종(M715)이 96만 8,000원이었다. 2년

T옴니아2 조정된 가격

요금제		올인원 35	올인원 45	올인원 55	올인원 65	올인원 80	올인원 95
기본료(원)		35,000	45,000	55,000	65,000	80,000	95,000
무료 제공	음성(분)	150	200	300	400	600	1,000
	문자(건)	150	200	200	200	500	500
	데이터(MB)	100	500	700	1,000	1,500	2,000
실구매가(원)		288,000	240,000	168,000	120,000	48,000	0

＊자료: 연합뉴스

약정을 약속하고 스마트폰 요금제인 올인원에 가입하면, 요금 할인과 단말기 보조금 혜택까지 합쳐 34만~70만 원까지 할인받을 수 있고, 월 9만 5,000원짜리 스마트폰 요금제에 가입하면 T옴니아2를 22만 4,000원에 살 수 있었다.

그러나 가격 조정 후 기본료가 4만 5,000원보다 비싼 가격제를 채택하면, T옴니아2가 아이폰 최고가 기종인 3GS(32GB)보다 싸졌다. 실구매가가 0~28만 원이 된 것이다.

'귀에 걸면 귀걸이, 코에 걸면 코걸이' 식으로 정해지는 게 국내 휴대폰 가격이라지만, 한 달 만에 절반 가까이 가격이 내려간 일은 유례가 없었다. 더구나 이 결정을 내린 주체가 이통사 1위와 휴대폰 제조사 1위라는 점에서 시장의 충격은 더욱 컸다. 휴대폰 제조업계 2위인 LG전자도 가격 조정이 불가피하게 됐다. 오즈옴니아 가격 수준을 삼성과 협의해 내리기로 내부적으로 결정한다.

그렇다면 T옴니아2 가격 인하 과정에서 부담은 누가 더 많이 떠맡았을까? 삼성전자보다 SK텔레콤의 부담이 더 컸던 것으로 파악된다. 이 같은 결론은 이통사 보조금 분배 구조를 보면 답이 나온다. 휴대폰의 판매가는 제조사의 출고 가격에서 유통사, 제조사, 대리점 간 갹출한 보조금을 뺀 금액이 된다. 삼성전자는 T옴니아2의 출고가를 4만 4,000원 일률적으로 인하한 것으로 알려졌다. 그렇다면 나머지 할인분은 SK텔레콤을 포함한 유통망에서 떠맡았다는 결론이 나온다.

 ## 한 달 전 20만 원 비싸게 산 고객은?

휴대폰 구매 시 가격이 결정적인 기준이 된다는 점에서 SK텔레콤과 삼성전자의 대응은 불가피했을 것이다. 그러나 문제는 같은 물건을 비싼 가격에 산 고객들이었다. 한 달 사이에 20만 원 이상 가격이 떨어지자 고객들은 불만을 터뜨렸다.

구입한 지 14일이 넘지 않은 사람들은 구매를 취소할 수 있었다. 14일 이후에는 기기 이상이 있을 때만 환불 처리가 됐다. 일부 가입자는 해지 후 재가입하는 방법으로 차액을 돌려받기도 했지만 대부분은 돌려받을 방법이 없었다. T옴니아2 구매자들은 아이폰 출시를 앞두고도 옴니아를 선택했는데 돌아온 것은 배신이라며 집단적으로 대응할 움직임을 보이기도 했다.

이를 해결하는 과정에서 문제는 더 커졌다. 애플도 2007년 비슷한 상황을 겪었다. 아이폰을 출시한 지 두 달 만에 가격을 200달러 내려 고객들의 반발을 샀다. 이 사태는 CEO인 스티브 잡스가 공식 사과하고 모든 구매 고객에게 100달러짜리 상품권을 제공하는 선에서 마무리됐다.

T옴니아2의 주체인 삼성전자와 SK텔레콤은 T옴니아2 가격 인하 정책에 대해 공식적인 사과와 보상을 하지 않았다. 오히려 "보조금은 시장 상황에 따라 늘리기도 하고 줄이기도 하는데 그걸 두고 손해를 봤다고 말하는 것은 적절치 않다"며 T옴니아2 보조금 인상도 마케팅의 일환이라는 입장을 보였다.

T옴니아2가 2만여 대가량 팔렸으므로 SK텔레콤이 기존 사용자들에게 보조금 제도를 확대 적용해도 40억 원가량 들 것이며, 이 정도 금액은 SK텔레콤의 실적에 큰 부담이 되지 않는다. 큰돈이 들지 않음에도 SK텔레콤은 왜 보상에 소극적인 반응을 보였을까? 바로 선례를 남기지 않기 위해서다.

앞에서 설명한 대로 휴대폰의 판매가는 제조사의 출고 가격에서 유통사, 제조사, 대리점 간 갹출한 보조금을 뺀 금액이 된다. 이 때문에 날마다, 그리고 지점마다 휴대폰 가격이 상이하다. 휴대폰이 언제 어느 때 가장 싼지, 그리고 어떤 매장이 가장 싼지를 알 도리가 없다. "CEO가 회의 자리에서 '시장점유율을 끌어올려라' 한마디만 해도 요동치는 게 휴대폰 가격이기 때문에 언제 어디서 사는 게 가장 싼지는 이통사 내부자도 모른다"는 말이 이통업계 내부에서 나올 정도다.

T옴니아2는 짧은 시간에 너무 티가 나게 휴대폰 가격이 변해서 문제가 됐을 뿐이다. 이런 상황에서 SK텔레콤이 T옴니아2를 비싸게 산 고객을 대상으로 보상해준다면, 다른 기종도 보상해달라는 요청이 빗발칠 수 있다. SK텔레콤 입장에서는 애초에 이런 가능성을 잘라 가격 변화에 따른 책임 보상이나 소급 적용이라는 선례를 남기지 않기로 방향을 정한 것이다.

보조금으로 대폭 떨어진 휴대폰값을 두고 외신에서는 오히려 '정상' 수준으로 되돌아온 것이라고 꼬집었다. 《월스트리트저널》은 11월 27일 '아이폰, 한국 시장을 흔들다' 라는 기사에서, "한국에서 삼성과 LG의 단말기는 국외보다 평균 2배 값으로 팔리고 있다"고 보도했다.

 ## 안드로이드폰만이 우리의 구세주

SK텔레콤은 아이폰을 잡기 위한 용병으로 안드로이드폰을 택한다. SK 텔레콤뿐만 아니라 삼성전자, LG전자도 만회용으로 안드로이드폰을 택했다.

아이폰 타도를 위해 안드로이드폰을 택한 것은 한국만의 일이 아니다. 미국에서도 AT&T와 독점 계약을 맺고 있는 아이폰에 대항하기 위해 버라이즌·스프린트·모토로라 등이 손을 잡고 안드로이드를 내세웠다. 버라이즌은 2009년 4분기 전략 상품으로 모토로라의 안드로이드폰 '드로이드'를 택했다. 드로이드는 출시 일주일 만에 20만 대가 넘는 판매고를 올렸다. 스프린트는 삼성전자의 모먼트와 HTC의 '히어로' 등 2종의 안드로이드폰을 내세웠다. T모바일은 삼성전자의 '비홀드2'와 함께 모토로라의 '크리큐', HTC 제품 2종 등 총 4종의 안드로이드폰을 판매했다.

안드로이드폰은 구글이 내놓은 안드로이드 운영체제를 탑재해 만든 스마트폰으로서, 전 세계를 통틀어 아이폰을 잡을 수 있는 유일한 대항마로 꼽힌다. 안드로이드폰에 높은 점수를 주고 있는 전문가들은 구글의 안드로이드 연합군이 아이폰을 앞설 것이라고 전망한다.

활용도 면에서 구글폰은 아이폰과 비교해 손색이 없다. 스마트폰의 핵심 기능인 인터넷 사용도 원활하다. 리서치그룹 닐슨과 e마케터가 스마트폰 사용자를 대상으로 조사한 결과에 따르면, 아이폰과 구글 안드로이드 운영체제를 탑재한 스마트폰을 사용하는 이들의 웹서핑 빈

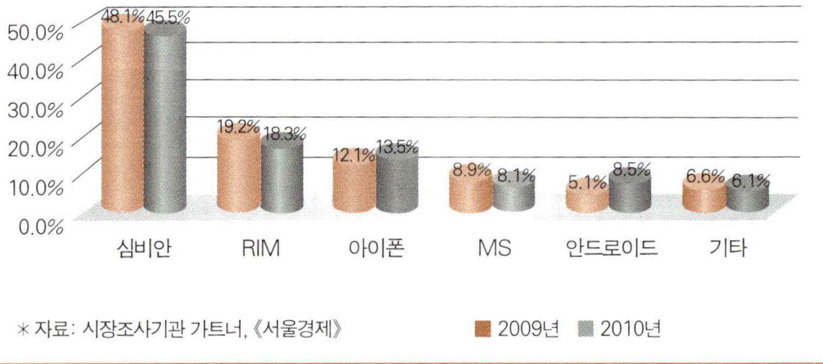

도가 안드로이드 92%, 아이폰 88%로 나타났다. 웹서핑뿐 아니라 애플리케이션, 소셜네트워킹 사용 빈도, 이메일 사용 빈도 등도 모두 평균 10% 이상 높았다. 이는 스마트폰으로서의 기능을 충실히 하는 데 안드로이드가 적합한 운영체제임을 보여주는 증거다.

구글폰이 성능에서도 두각을 보이자 안드로이드폰이 아이폰을 넘는 것은 시간문제라는 분석이 속속 나왔다. 미국의 IT 전문지《PC월드》는 2009년 10월 애플 실적 분석 기사에서 "스티브 잡스의 영향력이 약화되는 순간, 애플은 구글에 밀려날 것"이라는 전망을 내놓기도 했다.

 ## 소외된 LG전자

LG전자는 아이폰 출시 이후 소외된다. 기존 일반 휴대폰의 국내 시장 점유율 덕에 삼성전자와 함께 묶여 언급되기는 했지만 단독으로 소개되는 기사도 드물었다.

이렇다 할 만한 제품을 내놓지 못했기 때문이다. LG전자는 2007년 'KS20', 2008년 'KT610'과 '인사이트' 등 2009년 상반기까지 총 3종의 스마트폰을 선보였다. 그러나 간판 스마트폰인 인사이트의 국내 판매량은 2009년 3월 출시 후 9,000대 수준에 그쳤다. 미국 시장에서도 2009년 7월까지 20만 대 정도만 팔렸을 뿐이다. LG전자의 스마트폰이 소비자로부터 냉담한 반응을 받은 것은 초기 시장에 소극적으로 대응해 기선을 잡지 못했기 때문이다.

LG전자도 스마트폰에 대한 대처가 미흡했음을 통감한다. 남용 LG전자 부회장은 "스마트폰 사업 진출이 경쟁사에 비해 늦어져 많이 힘들었다"며 "실무진을 데리고 미국에 가서 직접 아이폰을 구입해 사용하며 연구했다"고 털어놓았다.

LG전자는 11월 초부터 본격적으로 스마트폰 시장에 뛰어든다. 하드웨어 일변도의 사업을 서비스와 콘텐츠를 아우르는 전략으로 전면 수정하는 등 스마트폰 사업에 총력을 기울인다. 대표적인 것이 11월 1일에 신설된 휴대폰사업본부 내 스마트폰사업부다. 안승권 사장에 이어 '넘버 2'로 불리는 이정준 부사장이 사업부장으로 임명됐다. 11월 초에는 가산동에 있는 MC연구소의 스마트폰 연구 개발 인력을 재배치하여 하드웨어, PC, CTO 조직이 각각 분산해서 진행하던 스마트폰 개발을 SP개발실 한군데로 통합했다. 글로벌상품기획팀에 스마트폰 상품기획을 전담하는 SP상품기획팀도 신설해 지역에 맞는 스마트폰을 생산하기로 했다.

정도현 LG전자 CFO는 10월 21일 3분기 실적 발표 후 "내년 신제품 출시를 위한 재고 정리와 스마트폰에 대한 R&D 영역을 대폭 강화할 것"이라고 밝혔다. 신설 사업부를 중심으로 LG전자는 2010년 20여 종 이상의 스마트폰을 낼 계획이다.

그러나 업계의 평가는 냉정했다. 아이폰과 대적하기는커녕 삼성전자에도 판판이 밀리는 LG전자에 높은 점수를 줄 리 만무했다. '보는 휴대폰' 마케팅에서 아몰레드 마케팅을 전개한 삼성전자보다 뒤처졌는데 스마트폰도 한발 늦은 상황이었다.

2009년 달성한 세계 시장점유율 10%도 실속 없는 결과라는 혹평까지 나왔다. 문제는 스마트폰뿐만 아니라 다른 휴대폰 시장에서도 LG전자의 위상이 바래고 있다는 점이다. LG전자 휴대폰의 국내 시장 점유율은 2009년 6월 33.2%에서 정점을 찍고 내리막을 타 10월 22.5%를 기록한 반면 삼성전자의 10월 점유율은 56%였다. 7개월 연속 상승한 결과다. 3위권인 팬택 계열도 15% 안팎으로 바짝 추격해오고 있다.

2009년 상반기에는 '쿠키폰'과 '롤리팝폰'이 히트를 쳤지만 하반기 전략폰인 아레나와 뉴초콜릿폰의 성적이 시원찮았다. 뉴초콜릿폰은 공급된 10만 5,000대 중 4만여 대만 팔렸다. 10월에는 휴대폰 판매가 한창 하락세를 보이던 때인 데다가 풀터치폰인 햅틱아몰레드폰에 밀렸고, 12월에는 아이폰의 영향을 받았다. LG전자 승부수의 흥행 실패는 시장점유율 추락으로 이어졌다.

LG전자는 휴대폰 부문에서 총체적 난국에 빠졌다. 전문가들은 LG전자가 신흥 시장에서 낮은 사양의 저가 휴대폰을 파는 데 정신이 팔려 높은 사양의 중고가 상품에 소홀한 점을 패착으로 꼽았다. 눈앞에 보이는 이익에 현혹되어서 시장을 이끌어갈 생각을 못했던 것이다. "LG전자가 휴대폰 부문에서는 1위에 관심이 없는 회사"라고 혹평하는 이들도 있다. 만약 2위를 넘볼 수 있을 정도의 파괴력을 가진 3위가 있었다면 2위 자리를 지키기도 쉽지 않았을 것이라는 분석도 나온다.

 ## 아이폰을 제외하고는 찬밥된 외국폰

스마트폰 시장은 아이폰과 삼성전자의 대결 구도로 접어든다. 가뜩이나 한국에서 고전하던 다른 외국폰의 상황은 더욱 곤궁해진다.

외국폰이 잘나가던 때도 있었다. 1990년대 초반에 등장한 미국산 모토로라는 국내 시장을 장악했었다. 그러나 1995년 삼성전자에 역전당한 뒤 그 위세가 급속히 약화돼 현재는 별다른 영향력을 미치지 못하고 있다. 삼성전자와 LG전자, 팬택 계열 등 국내 휴대폰의 시장점유율은 90%가 넘는다. 이 점유율은 삼성 50%, LG 30%, 팬택 20%의 비율로 분할돼 있다. 세계 1위 휴대폰 제조사인 노키아의 고국 핀란드에서도 외국폰의 비율이 30%인 점을 감안하면 한국에서 국내폰의 위력을 실감할 수 있다.

국내 소비자에게 어필하지 못하는 제품, 부족한 애프터서비스 인프라, 밀리는 마케팅 등이 외국폰의 실패 원인으로 꼽힌다. 한국형 무선 인터넷 플랫폼 위피도 외국폰을 억누르는 효과를 발휘했다. 위피 때문에 한국산 휴대폰은 자생력을 갖게 된 반면 외국폰은 한국 시장의 소비자 취향을 제대로 경험할 수 없었다.

외국폰의 무덤에서 고전하는 외국 휴대폰 제조사들에게 글로벌 히트작 아이폰의 국내 상륙은 반가운 일이었다. 글로벌 전역에서는 혈전을 벌이는 사이지만, 그래도 한국 안에서는 '외국폰'이라는 동일한 성질 때문에 "친구야"라고 외칠 수 있는 사이 아닌가?

업체들에게 아이폰은 호재였다. 이 기회에 우리도 뒤집기를 해보자는 생각이 만연했다. 노키아는 풀터치 스마트폰인 5800 익스프레스뮤직으로 대대적인 광고 마케팅을 펼친다.

그러나 실제적으로 아이폰, T옴니아2에 밀려 다른 외국폰은 대접을 못 받았다. 11월 말 기준으로 노키아의 5800 익스프레스뮤직은 T옴니아2 판매량의 10%에도 못 미쳤다. 실제 구매 가격이 3분의 1 수준에 불과한데도 말이다.

소니에릭슨과 HTC는 후속 모델을 아예 못 내놓았다. 소니에릭슨은 국내 출시한 스마트폰 엑스페리아X1의 후속 모델 '엑스페리아X2'를 SK텔레콤에 제안했는데 경쟁력이 없다며 거절당했고, HTC의 스마트폰은 국내 소비자들의 외면 속에 아예 법인용으로만 판매됐다.

결국 외국폰 중에는 안드로이드폰만 남은 셈이다. 모토로라가 안드로이드를 장착한 모토로이를 준비하고 있었지만 국내 휴대폰 제조사도 안드로이드폰에 사활을 걸고 있는 상황에서 모토로이의 흥행은 아무도 장담할 수 없었다.

Apple
Shock

아이폰의 점령, 한국을 바꾸다

3부

애플 쇼크 **후 일주일**

소녀시대보다 애플이 좋아

" '다음 달' 이면 온다"고 소문만 무성하던 '담달폰' 이 왔다. 예약판매 행사장은 인산인해를 이루고 예약판매만으로 7만여 대가 팔렸다.

가로 6.2cm, 세로 11.5cm, 두께 1.2cm, 무게 135g. 얼리어답터들의 새로운 '장난감' 인 줄만 알았던 이 휴대폰은 한국을 뒤흔든다. 이 휴대폰의 등장으로 한국 최고의 기업들은 진땀을 빼기 시작한다. 고객을 뺏을 것인가, 빼앗길 것인가를 두고 보조금 등 제 살 깎아먹기 경쟁이 치열해지고 정치권에는 트위터 열풍이 불었다.

출시하고 단 일주일. 이 기간 한국에는 대체 무슨 일이 벌어졌나?

 아이폰, 드디어 한국에 상륙하다

2009년 11월 28일. 한국에는 유례없는 행사가 열린다. 아이폰 개통식. 거창하게 이름 붙여 '식'이지, 사전 예약한 휴대폰을 받는 행사에 불과했다. 휴대폰 하루 이틀 먼저 받는 게 그렇게 중요할까, 기왕 기다린 거 며칠 더 차분하게 기다리는 게 대수인가?

그러나 설레는 마음을 주체할 수 없을 때, 마음을 다잡는 가장 확실한 방법은 '님'이 오는 길목에 가서 서 있는 것이다. 행사장을 찾은 아이폰 예약 구매자들도 이와 같았을 것이다. 행사장까지 방문하는 것도 모자라 한시라도 빨리 이 휴대폰을 받으려고 전날부터 행사장인 잠실 실내체육관 앞에서 줄을 서서 기다린다. 행사는 오후 2시에 열리는데도 전날 밤부터 줄을 선 예약자들이 100여 명을 넘었다. 겨울의 초입이라 날도 추웠지만 아이폰을 기다리는 이들의 얼굴에 짜증은 없었다. 노숙을 할 작정으로 손난로와 두꺼운 오리털 파카를 들고 온 남녀도 있었다.

행사 전날 낮부터 줄을 섰다는 한 아이폰 예약자는 "밤에는 추워서 입이 돌아가는 줄 알았지만 아이폰을 만날 생각에 기쁜 마음으로 기다렸다"고 말했다. '이 정성으로 공부를 했다면 모두 원하는 대학에 수석으로 입학했겠다'는 말이 절로 나오는 풍경이었다.

KT가 선착순 50명에게 내건 선물은 아이폰 주변기기, 무료통화권 등이었다. 공짜면 양잿물도 마신다지만 그래도 이것 때문에 초겨울에 노숙을 할 엄두는 안 난다. 겨울밤 추위 속에서도 웃을 수 있었던 것은 기다리던 '님'과의 만남 때문이다.

아이폰을 첫 번째로 받은 대학생 허진석 씨는 행사 전날 오전 11시부터 줄을 섰다. 허씨는 1호 가입자 혜택으로 1년 무료통화권과 20만 원 상당의 아이폰 전용 스피커를 받았다.

언론은 이러한 열기를 보고 '대박', '인산인해'라고 표현했다. 대체 아이폰은 나오기 전 사전 예약으로만 얼마나 팔렸을까? 업계에서는 6만~7만 대로 추정했다.

휴대폰을 사본 사람은 알 것이다. 대리점에서 가서 이 기계, 저 기계 만져보고 나서도 한참을 고민한 뒤에야 휴대폰을 고른다. 예약판매는 아이폰을 한 번 만져보지도 않고, 동영상 등의 소개 자료만으로 이뤄졌다. 그런데도 예약 일주일간 7만 명을 육박하는 이가 '사겠다'고 손을 든 것이다.

그렇다면 아이폰 예약판매로 휴대폰업계에 어떤 변화가 있었을까? 그랬다. 우선 전체 휴대폰 시장 자체가 커졌다.

11월 휴대폰 시장 규모는 145만~149만 대로 파악됐다. 10월 135만~137만 대 수준에서 7~10% 상승한 것이다. 2009년 7월 이후 4개월 연속 감소세를 보이다 하반기 들어 처음으로 성장세를 기록한 것이다. 그렇지만 이 현상을 '아이폰 효과'라고 단정하기는 어렵다.

그러나 시장 구도 변화를 보면 상황은 달라진다. 시장은 커졌는데, '빅 가이'들의 점유율은 반대로 줄어들었다. 1위와 2위인 삼성전자와 LG전자의 시장점유율은 각각 6% 포인트, 0.4% 포인트 감소했다. 그 공간을 아이폰이 채운 것이다.

아이폰의 기세는 말 그대로 파죽지세였다. 아이폰은 출시 사흘도 안 돼 국내 휴대폰 시장의 5%를 점유한다. 12월 첫째 주 동안 2009년 최

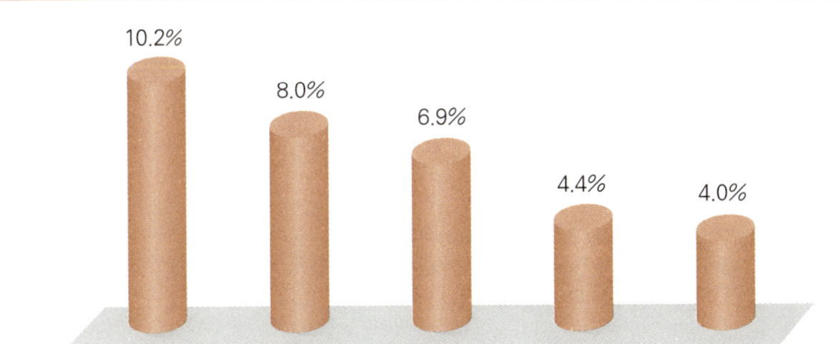

고의 인기폰인 연아폰과 '매직홀폰'을 제치고 가장 많이 팔린 휴대폰의 자리에 오른다.

아이폰의 힘은 이통사 번호이동 현황으로 재차 확인된다. 한국통신사업자연합회에 따르면, 12월 1~3일까지 번호이동 시장에서 KT는 57.4%의 점유율을 기록한다. 10월과 11월 KT의 점유율은 30% 초반에 불과했다.

물 건너온 물건이다 보니 휴대폰 무역 동향에도 영향을 미쳤다. 2008년까지 외국산 휴대폰의 월간 수입 규모는 2,000만 달러 수준에 불과했다. 2009년 상반기는 국내 통신사들이 휴대폰 제품군 다양화를 추진하면서 수입 규모가 늘어 2,900만 달러 정도였다.

그런데 아이폰이 출시된 11월부터 휴대폰 수입액은 급증한다. 11월 말에는 6,100만 달러, 12월 말에는 8,600만 달러까지 뛴다. 2010년에는 1월에만 2,500만 달러에 이르렀다. 한 달도 안 되는 기간 동안 수입된 외국산 휴대폰 수입액이 예년 한 해 수준과 맞먹은 것이다.

아이폰은 휴대폰 지형도도 바꾼다. 국내 휴대폰 중 3%에 머물던 스마트폰의 비중은 12월 첫째 주에 19%까지 치솟는다.

 ## 30대, 아이폰에 매혹되다

아이폰 구입 고객의 만족도도 높았다. 사용자환경, 터치감, 다양한 애플리케이션에 소비자들은 매료됐다. 아이폰과 관련된 블로그와 커뮤

니티에는 제품 성능에 만족하는 긍정적 내용이 주를 이뤘다.

아이폰 구매자는 경제력을 갖춘 30대가 주를 이뤘다. KT에 따르면, 아이폰 예약판매 마감 결과 30대가 전체에서 50%를 차지했고, 20대는 36.9%였다. 성별로는 남성과 여성이 각각 80%와 20%였다. 30대 남성의 아이폰에 대한 높은 관심은 아이폰을 택한 이유가 실용성임을 말해주는 동시에 구매력을 갖춘 잠재수요의 구매가 잇따를 수 있음을 의미하기도 했다.

눈치 빠른 기업들은 아이폰에 '묻어가는' 마케팅을 펼치기 시작한다. 크리스마스 이벤트 상품으로 추가하기도 하고, 르노삼성은 뉴SM5 웹사이트 방문 고객을 대상으로 아이폰을 제공하는 행사를 열기도 한다.

자신감을 가진 KT는 아이폰 판매 목표를 밝힌다. 김우식 KT 개인고객부문 사장은 아이폰 공식 론칭쇼에서 "국내 아이팟 사용자 수가 50만 명쯤 된다"며 "아이폰도 그 정도는 쓸 것으로 본다"고 말한다. KT가 아이폰 판매 목표를 공식적으로 밝힌 것은 이때가 처음이었다.

 **이통사들의 전쟁**

아이폰으로 촉발된 연말 휴대폰업계의 기선 잡기는 인정사정없는 혈투로 이어진다. 말 그대로 '죽기 살기'다.

2009년 9월 방통위의 '경쟁 자제' 요청으로 잠잠해졌던 보조금 시장은 아이폰 출시로 다시 가열됐다. KT는 아이폰으로 잡은 기세에 탄력을 붙이고 나섰다. '스마트폰=KT'를 떠올릴 수 있도록 확실하게 단속을 해두겠다는 것이다. KT는 공식적으로 보조금을 확대해 스마트폰에 대한 진입 장벽을 낮출 생각이라고 밝혔다.

더불어 KT의 양현미 개인고객부문 전략본부장은 "무선데이터 시장 활성화를 위해서는 스마트폰이 더 많이 더 싸게 출시돼야 하는데 아이폰은 전략폰으로서 상당한 강점이 있다"며 지금까지의 가격 정책을 고수할 것임을 못박았다.

KT는 대대적인 마케팅 공세를 이어갔다. 우선 아이폰 구매자에게는 인터넷서비스 네스팟을 무료로 이용할 수 있게 했다. 네스팟은 무선랜 접속 기능이 탑재된 전용 PDA폰을 대상으로 무선인터넷을 사용할 수 있는 서비스로, 월 요금은 1만 3,500원이다. 아이폰 구매자는 별도로 네스팟에 가입해 아이디와 패스워드를 만들지 않고도 개통 후 하루가 지나면 자동으로 네스팟에 접속할 수 있다.

아이폰 열기에 놀란 SK텔레콤은 보조금을 평균 60만 원대 수준으로 확대한다. 아이폰의 보조금은 50만 원 수준이다. 아이폰과 옴니아2를 놓고 막판까지 고민하는 이들의 마음을 보다 저렴한 가격으로 잡겠다는 것이다.

휴대폰 가격뿐만 아니라 요금제에도 변화를 준다. SK텔레콤은 아이폰 출시 이튿날인 11월 29일에 가입비를 28%(5만 원→3만 6,000원) 낮추고 생일을 맞은 고객에게 하루 300분 무료 통화를 제공하는 등의 혜택이 담긴 요금 인하 방안을 발표한다.

KT도 이에 질세라 바로 다음 날인 30일부터 통신비 인하 방안을 본격 시행했다. 가입비를 3만 원에서 2만 4,000원으로 20% 하향 조정하고, 청소년 요금제의 음성 및 영상통화 요율을 30원에서 25원으로 16.7% 내렸다.

양사 간 가격 할인 전쟁은 유무선 통합 상품, 유무선 대체 서비스 등 다른 상품으로 확대되는 양상을 보였다. 아이폰 출시에 즈음하여 SK 텔레콤과 KT의 전선이 요금제, 단말기, 서비스 등 전방위로 확대된 것이다.

SK텔레콤은 파격적인 경품까지 내걸고 '아이폰 열기 식히기'에 나선다. 12월 한 달간 T옴니아2 구매 고객을 대상으로 캐나다 밴쿠버 4박 6일 관광 등의 경품을 제공하는 프로모션을 실시했다.

이밖에 이벤트 응모자 중 선착순 1만 5,000명에게는 T옴니아 액세서리인 마이크로 SD 8G 외장메모리, 차량용 USB 충전기, 액정보호필름, 블루투스 헤드셋 중 한 종이 제공됐다. 이벤트 참여 방식은 T옴니아2를 구입한 다음 'T' 로고를 휴대폰 카메라로 찍어 '＊2010'으로 전송하기였다. SK텔레콤에 새로 가입한 소비자만이 응모할 수 있는 것이었다.

또한 '이에는 이, 눈에는 눈' 전략으로 세계적으로 유명한 스마트폰을 밀기 시작한다. 미국 대통령인 버락 오바마가 써 유명해진 블랙베리. 블랙베리는 이메일과 일정관리 기능에서 강점을 지닌 스마트폰으로, 사무 용도로는 아이폰보다 낫다는 평가를 받기도 한다. SK텔레콤은 이미 500개 기업의 블랙베리 법인 가입자를 확보한 상태였다. 12월 8일에는 블랙베리 사용자를 위해 새로운 애플리케이션을 개발해 무료로 제공하기 시작했다.

　LG텔레콤도 LG전자의 스마트폰 '레일라'를 출시했다. 500만 화소급 카메라, 지상파 DMB 등 다양한 기능에도 불구하고, 가격은 다른 스마트폰보다 20만 원쯤 낮은 60만 원 후반대로 책정되었다. 가격으로 경쟁에 가세하겠다는 뜻이었다.

 ## 돈 받으면서 휴대폰 산다?

이통사들의 혈투 속에서 고가의 스마트폰과 풀터치폰이 일반 휴대폰보다 가격이 낮아지는 기현상도 발생했다.

　12월 초 삼성전자의 T옴니아2 출고가는 2GB 모델이 92만 4,000원에서 88만 원으로 하락했다. 이는 일반 풀터치폰인 햅틱아몰레드의 출고가 89만 9,800원보다 낮은 것이다. 팬택 계열 '듀퐁폰'의 판매가는 50만 원에서 30만 원으로 내렸다. 듀퐁폰은 명품 브랜드 듀퐁이 가진 매력을 담아냈다는 콘셉트를 가진 풀터치폰이다.

　2009년 연말 공짜폰은 40여 종에 이른 것으로 추산됐다. 또 출시된 지 1년이 지난 구형폰을 대상으로 별도의 요금제 가입 없이 2년 약정으로 가입하면 2만~3만 원가량의 포인트 금액을 주는 '마이너스폰'도 등장했다. 이 포인트로는 온라인에서 휴대폰 액세서리 등을 구입할 수 있다. 대리점이나 판매점에서는 2년 이상 약정을 조건으로 가입한 고객에 한해 5만~14만 원의 웃돈을 주기도 했다.

휴대폰 할부 지원 제도가 없었을 때 휴대폰 가격 일부를 보조금과 마찬가지로 가입자의 통장으로 매달 보내주는 '페이백(Pay Back)' 방식은 있었다. 그러나 웃돈을 주는 현금 마케팅은 희귀한 일이었다.

웃돈의 원천은 이통사가 대리점에 제공하는 지원금으로, 그 규모는 가입자 1인당 20만 원 수준이다. 보조금 전쟁이 치열하다 보니 대리점들이 이 수익을 포기하고 고객 유치전에 나선 것이다. 이렇게 막장을 향하는 고객 유치전에 대해 이통사들은 대리점 자체의 판단에 따른 결정이라며 선을 그었다.

소비자들은 이 기회를 놓치지 않았다. 평소 엄두도 못 내던 고가의 휴대폰 가격이 시쳇말로 '똥값'이 됐으니 '지름신'을 견디기 위해 허벅지를 꼬집을 필요가 없게 된 것이다. 행여 약정이 걸려 있다고 해도 그 약정에 대한 남은 요금을 지불하고 고가폰을 사도 남는 장사인 셈이었다.

통신업계의 전쟁 속에서 소비자들의 이통사 갈아타기는 붐을 이뤘다. 12월 번호이동 가입자 수(이통사 변경 고객으로 추정)는 약 50만 명으로 11월(21만 명)의 두 배를 웃돌았다.

 **SK텔레콤의 댓글 알바 양병설**

과열된 마케팅 격돌 속에서 SK텔레콤은 '댓글 알바 모집' 논란에 휘말린다.

내막은 이랬다. SK텔레콤의 한 협력사가 한 아르바이트 모집 사이트에 'SK텔레콤 본사 단기 아르바이트 채용'이라는 공고를 냈다. 모집 공고에 따르면, 이들의 주요 업무는 온라인 모니터링 업무, 즉 주요 스마트폰 카페 및 블로그에 옴니아2에 대한 잘못된 정보가 올라오면 댓글 등을 통해 올바른 정보를 전달하고, 신규 정보도 업데이트하는 것이었다. 공고만 놓고 보면 온라인 여론 조작을 위해 '댓글 알바'를 모집한다는 의혹을 부르기에 충분했다.

채용 공고의 캡처 화면은 네티즌들을 통해 퍼날라졌다. 네티즌들은 댓글 작성 아르바이트까지 고용해 아이폰에 대항하려 한다며 SK텔레콤을 맹비난했다. SK텔레콤 측은 "아웃소싱업체가 모집 공고 내용을 잘못 이해해 벌어진 일"이라고 해명했다. '댓글 알바'가 아니라 온라인 카페 등을 모니터링해 본사에 전달하는 역할을 하는 아르바이트생을 구했다는 것이다.

SK텔레콤의 해명에도 네티즌과 IT업계는 의혹을 쉽게 거두지 않았다. 한 IT업계 관계자는 "아이폰과 경쟁하는 국내 기업은 막강한 마케팅 자금력을 가진 회사"라며 "확인할 수는 없지만, 인터넷상에서 자신을 홍보하고 남을 깎아내리기 위해 '댓글 알바'를 고용하는 일은 업계에서는 공공연한 사실로 여겨진다"고 전했다.

 ## KT의 011 가입자 데려오기

SK텔레콤이 '댓글 알바 공고'로 논란을 일으켰다면, KT는 011 가입자를 끌어오기 위해 기존의 틀을 바꾸려 한다고 비판을 받았다.

논란의 진위를 자세히 알려면 2004년까지 거슬러 올라가야 한다. 2004년 당시 정보통신부(방송통신위원회의 전신)는 '이동전화 010 번호 통합 촉진 계획'을 내놓는다. 이 계획에 따르면, 011, 016, 019 등의 휴대폰 식별 번호로 2G폰을 쓰던 가입자가 3G폰을 사려면 010으로 바꿔야 했다. 이 정책은 폭증하는 이동통신 수요 대응과 번호 자원의 체계적인 관리를 위해서였다. 하지만 통신업계에서는 011의 브랜드로 시장을 지배하고 있는 SK텔레콤 억누르기가 목적 아니냐는 말도 나왔다.

011, 016, 019가 아무리 좋아도 첨단 기능이 달린 휴대폰을 사려면 기존 식별 번호를 포기해야만 했다. 여기에 가능한 한 빨리 바꿔야 좋은 번호를 선점할 수 있다는 감언이설까지 더해지면서 010으로의 전환은 활발히 이뤄졌다.

이 과정에서 SK텔레콤의 011 고객이 울며 겨자 먹기로 010을 택한 사례가 많았다. 통화 품질 만족도와 브랜드 파워 면에서 011은 KTF의 016, LG텔레콤의 019를 압도했다.

011을 쓰는 SK텔레콤 사용자들은 다른 휴대폰 이용자들에 비해 요금 할인에 대한 민감도가 덜하고, 월평균 사용 요금●도 SK텔레콤의 평

● Average Revenue Per Unit. 가입자당 평균 수익으로 해석되며, IT업계에서는 한 사용자로부터 한 달에 벌어들이는 월평균 운용 수익의 척도로 쓰인다.

휴대폰 가입자 및 이통사 별 식별 번호 사용자 현황

이통사	가입자	점유율	010	011	016	017	018	019
SKT	2,422	50.6%	1,750	471	74	74	20	33
KT	1,498	31.3%	1,342	58	57	10	16	14
LGT	864	18.1%	662	77	40	15	12	58
계	4,784	100.0%	3,754	606	171	99	48	105

＊2009년 11월 말 기준　　＊단위 만 명(반올림)　　＊자료: 각 통신사, 방통위,《서울신문》

균인 4만 5,000원대를 훨씬 웃돌고 있었다. 말 그대로 알짜 고객인 것이다.

그렇다면 정부가 5년간 지속해왔던 정책을 바꾼 이유는 무엇일까? 언론을 통해 밝힌 방통위 측의 입장은 식별 번호가 공정 경쟁을 저해했다는 것이었다. 일부 식별 번호의 힘이 너무 강했기 때문에 이를 억누르기 위한 규제임을 인정한 것이다.

그렇다면 정책이 바뀌면 누가 유리할까? 가입 현황을 보면 쉽게 알 수 있다. 010으로 옮기지 않고, 기존 식별 번호를 쓰는 사용자 중 58.9%가 011 가입자다. 이 중 77.7%는 SK텔레콤 고객이다. 앞으로 빼앗길 고객의 수도 SK텔레콤이 많다는 것이다. 바뀌는 정책으로 유리한 이통사는 단연 KT다.

KT는 12월에 선수를 친다. 3G 휴대폰 구매자가 010이 아닌 기존 식별 번호를 그대로 유지한 채 전화를 걸고 받을 수 있는 '010 번호 변경 표시서비스'를 도입하겠다며 방통위에 허가를 요청한 것이다. 번호 자체를 바꾸는 것이 아니라 부가서비스 형태이며 최장 2년까지 이 서비스를 무료로 제공하겠다는 게 KT의 설명이었다. '부가서비스'라는 허울을 내걸었지만, 이는 방통위의 정책 변화를 유도하기 위한 보채기에 가까웠다.

KT의 의도는 도대체 무엇일까? KT의 목적은 크게 두 가지다. 하나는 SK텔레콤의 고객 뺏기, 다른 하나는 애물단지인 2G서비스 고객 없애기. "011로도 새로운 3G폰에 가입할 수 있습니다"라는 말은 달리 말하면, "SK텔레콤 고객 여러분! 기존 휴대폰 번호 유지할 수 있어요. KT로 통신사 이동하면서 싼값에 새 휴대폰을 마련하세요"가 된다.

한편 2G서비스는 KT에게 오랫동안 골칫덩어리였다. KT는 2011년 6월까지 2G서비스를 종료할 계획이다. 네트워크 중복 투자를 줄이기 위해서다. 작년 11월 말 기준으로 KT의 2G서비스 이용자는 전체의 10.4%다.

하지만 이동사가 일방적으로 서비스를 중단할 수는 없는 일. 해결책은 기존 2G 가입자를 자발적으로 3G로 끌어오는 것이다. 2G에서 3G로 안 바꾼 이들 중의 상당수는 기존 휴대폰 번호를 사무적인 이유에서 혹은 개인적인 이유에서 유지해야 하는 사람들이다. 이들로서는 번호를 그대로 유지하면서 새 휴대폰을 받을 수 있다면 안 바꿀 이유가 없다. 결론적으로 010 변환 없이 기존 식별 번호로도 3G 휴대폰을 구입할 수 있도록 바뀌는 정책은 KT에게 엄청난 호재인 셈이다.

SK텔레콤은 명백한 불법이라며 발끈하고 일어섰다. SK텔레콤은 "정부가 추진 중인 010 번호 통합 정책은 물론, 3G망에서 전화번호가

010으로 표시되도록 규정한 '번호 세칙'에도 어긋난다"며 "정부 정책 때문에 011을 버리고 010으로 바꾼 이용자에 대한 명백한 차별"이라고 주장했다.

정부는 KT의 손을 들어주는 분위기다. 11월만 해도 번호 통합 정책 폐지 가능성은 매우 낮은 것으로 관측됐다. KISDI 통신정책연구실의 주재욱 박사는 "010 이용자 비율을 80% 가까이 끌어올린 상황에서 옛날로 돌아간다는 것은 정책 신뢰도를 크게 훼손시킬 것"이라고 부정적인 입장을 밝혔다.

그런데 12월 내놓은 KISDI 보고서의 방향은 다소 다르다. 연말 용역 결과 보고서에서 KISDI는 "전체 가입자의 99%가 010을 쓰더라도 2G 이동전화번호 사용자가 50만 명이나 남는 것을 감안하면 010 강제 통합보다는 시장에서 자연스럽게 소비자가 010을 선택하도록 맡기는 것이 바람직하다"고 결론을 내렸다. 011 번호를 유지하는 사람도 3G 휴대폰을 쓸 수 있게 하자는 얘기다. KT의 손을 들어준 것이다.

이 상황을 두고 외부 입김이 개입된 게 아니냐는 논란이 거세게 일었다. 방통위는 논란이 일자 일단 분위기를 가라앉혔다. "국민 의견을 수렴해 010 번호 통합 정책을 결정하겠지만 당장 강제 통합을 추진하기는 어려울 것"이라며 최종 판단을 유보했다. 한 템포 쉬면서 상황을 지켜보기로 한 것이다.

 ## 삼성과 애플의 격돌, 막 오르다

이통사 간의 전쟁이 본격화되는 와중에 다른 한편에서는 휴대폰 제조사인 삼성전자와 애플 간의 격돌도 막이 올랐다.

아이폰 출시 첫 주 삼성전자의 고가폰 점유율은 25.4%나 감소했다. 또한 아이폰 구매자들을 대상으로 한 설문조사 결과에 따르면, 아이폰 구입 직전에 사용한 휴대폰은 삼성전자 제품이 43.5%로 가장 높았다. 아이폰 국내 출시로 가장 큰 타격을 받은 제조사가 삼성전자임은 당연하다.

삼성전자는 총공세로 맞선다. 보유한 다수의 히트작을 내세워 초장에 아이폰의 싹을 잘라버리겠다는 것이다. 삼성은 12월 1일부터 3W 통신을 지원하는 스마트폰 쇼옴니아(모델명 SPH-M8400)를 법인 고객에 우선 공급했다. 무선랜을 지원하는 WCDMA 단말기는 있었으나 와이브로까지 지원하는 3W 단말기가 나온 것은 이때가 처음이었다.

삼성전자는 또 신세대를 겨냥한 '코비폰'도 내놓는다. 이 제품은 세계 시장에서 두 달 만에 350만 대의 판매고를 올린 히트작이다. 이 같은 판매 추이는 삼성전자가 지금까지 출시한 휴대폰 중 가장 빠른 것이다. 상품 모델로는 인기 아이돌그룹인 2PM을 선정했다.

또한 아이폰의 대항마인 옴니아 출고가를 일반 휴대폰인 아몰레드보다 낮춘다. 통상적으로 스마트폰의 값은 일반 폰에 비해 비쌌다. 게다가 옴니아2는 아몰레드보다 화면 크기, CPU 성능, 배터리 용량 등 각종 품질 면에서 한 수 위인 제품이었다.

아몰레드와 옴니아2에서 보인 가격 역전 현상을 두고 삼성전자가 아이폰에 대응하기 위해 휴대폰 가격 체계를 무너뜨렸다는 지적이 나왔다. 아이폰을 잡기에 급급해 제 살 깎아먹기 전략을 쓴 것이다.

흥분한 증시 속에서 혹평받은 LG전자

증시는 새로운 테마의 등장에 흥분을 감추지 못했다.

개인 투자자가 가장 빠르게 반응했다. 매매는 이전에 무선인터넷 주로 각광받던 종목을 버리고 새 종목으로 갈아타는 패턴이 주를 이뤘다. 개인 투자자들 사이에서 아이폰주를 두고 손바꿈이 일어난 것이다.

아이폰 출시 후 일주일간 주목받았던 종목은 아이폰으로 인해 새로 만들어질 스마트폰 환경에서 실적 향상이 기대되는 업종이었다. PC나 다름없는 스마트폰의 해킹을 우려한 보안 소프트웨어, 스마트폰 안에 들어가는 임베디드 소프트웨어, 스마트폰으로 바뀌게 될 라이프 스타일에서 더욱 활발해질 모바일소액결제 등이 아이폰 수혜주로 떠올랐다.

이들 종목이 급등세를 타는 것을 두고 증권가는 우려 섞인 시선을 보냈다. 실적이 뒷받침되지 않은 주가 상승은 거품이기 때문이다. 주가는 증시에서 기업의 가치를 측정하는 척도다. 주가가 2배 오를 때 그만큼 수익성과 기업의 가치도 함께 상승해야 주가는 견딜 수 있다. 그러지 않으면 곧 거품이 되고, 거품이 없어질 때 주가는 가라앉는다.

아이폰 출시로 직접적인 영향을 받는 이통사들은 '보조금 경쟁' 등 비용 측면에 대한 우려가 심화돼 시장(코스피 4.4%)보다 낮은 0.9~2.1%의 수익률을 기록했다. 배당 성향도 높은 데다 2009년 4분기는 10~11월 수익성 호조로 실적 전망도 밝아 당초 12월 시장보다 높은 수익률이 기대됐던 상황이었다. 그러나 스마트폰 싸움으로 격화된 마케팅전이 호재를 앞선 것이다.

그러나 뭐니 뭐니 해도 아이폰 후폭풍으로 증시에서 가장 큰 타격을 입은 종목은 LG전자다. 대표적인 예가 '목표 주가 반토막 사건'이다.

KB투자증권의 조성은 애널리스트는 2009년 12월 1일 LG전자의 목표 주가를 19만 4,000원에서 10만 1,000원으로 하향 조정했다. 2010년 이렇다 말할 스마트폰 제품이 없는 데다가 고가폰 시장에서 부진 정도가 당초 예상을 크게 뛰어넘는다는 게 이유였다.

목표 주가란 애널리스트가 해당 종목에 대해 주가가 이 정도까지는 오를 수 있다며 투자자에게 기준선을 제시하는 것이다. 목표 주가를 절반 가까이 낮췄다는 얘기는 자신이 생각했던 수준에서 해당 기업의 가치가 절반 정도까지 떨어졌다는 말로도 해석될 수 있다.

혹평 속에서 LG전자는 나름의 대응책을 모색한다. 스마트폰인 아레나폰 출시를 준비하고, 세계 최초로 투명 키패드와 터치폰을 접목한 터치슬라이폰인 '크리스탈폰'을 출시했다. 그러나 아이폰을 중심으로 결집된 스마트폰의 열기를 꺾기에는 역부족이었다. 급해진 LG전자는 2010년 3월, 60만 원대 초반 가격으로 안드로이드폰을 내놓는다. 제품

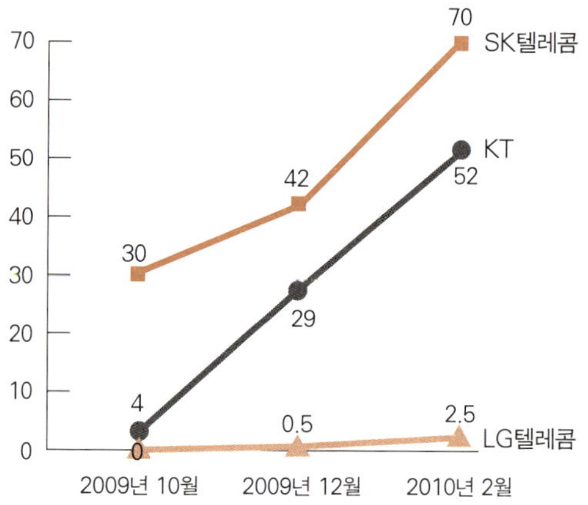

＊단위: 만 명

명은 'LG안드로-1'. 아이폰, 옴니아2, 모토로이 등의 경쟁 모델보다 최대 30만 원가량 싸다. 대당 50만 원 이상 KT가 보조금을 지원해주기 때문에 월 4만 5,000원 이상 요금제를 쓰면 별도로 단말기 구입 비용을 낼 필요가 없다. 이렇게 파격적인 가격을 제시한 건 스마트폰 시장에서 아이폰과 더불어 한 축으로 떠오른 안드로이드폰 시장을 선점하기 위해서다.

LG 계열의 이동사인 LG텔레콤도 본격화된 스마트폰 시장에서 힘을 못 썼다. 키움증권의 안재민 애널리스트는 12월 2일 "LG텔레콤은 아이폰과 옴니아2에 대응할 제품군이 부족하고 합병을 앞둔 시점에서 공격적 대응이 힘들기 때문에 가입자 이탈이 발생할 가능성이 있다"고 평가했다.

LG텔레콤은 2010년 1월 1일부로 LG데이콤, LG파워콤과 함께 '통합LG텔레콤'으로 합병됐다. 2010년 2월 SK텔레콤과 KT가 각각 70만 명과 52만 명씩 가입자를 확보한 데 반해, LG텔레콤의 스마트폰 가입자 수는 2만 5,000명에 불과했다.

 ## 아이폰과 정치권의 트위터 열풍

아이폰이 뜨자 트위터가 각광을 받기 시작했다. 트위터는 블로그 중에서도 꼬마 블로그다. 한 번에 올릴 수 있는 글의 양이 140자에 불과해 진득하게 앉아서 글을 쓰는 게 아니라 문자메시지하듯 순간의 단상을 올리는 형식이다. 따라서 PC보다는 스마트폰이 매체로 적합하다.

스마트폰이 대중화된 미국과 유럽에서 트위터는 이미 빠른 의사소통의 방식으로 여겨지고 있다. 트위터는 스마트폰 활성화의 부산물인 셈이다.

트위터의 전파 속도를 볼 수 있는 단적인 예 하나. 남자가 비행기를 탔는데 옆자리에 앉은 승객에게서 불쾌한 냄새가 났다. 남자는 이 내용을 자신의 트위터에 올렸고, 이 글은 돌고 돌아 남자가 탔던 비행기 업체의 홈페이지 게시판에까지 전달됐다. 남자의 불만은 기내의 승무원에게 전달됐고, 승무원은 남자에게 "자리를 바꿔드릴까요?" 하고 먼저 이야기한다.

아이티 지진 때 미국의 언론사들은 합동 트위터를 만들어 현장으로

부터 들어오는 실시간 정보를 전달받았다. 인터넷을 통한 빠른 소통의 중요성은 2008년 미국산 소고기 반대 촛불집회 때 절실히 체감한 바 있다. 당시 현장 상황을 가장 빠르게 실시간으로 전파한 매체는 기존 공중파도 아니고 케이블 보도 채널도 아니었다. 1인 미디어였다.

이보다 더한 폭발력을 갖고 있다고 여겨지는 트위터를 선점하기 위해 정치권이 스마트폰 도입에 적극성을 띠는 것은 어쩌면 자연스러운 일인지 모른다. 정치인의 트위터 활용은 전 세계적인 트렌드로 자리 잡았다.

트위터는 금융위기로 휘청하긴 했지만 전 세계적으로 슈퍼파워를 자랑하는 미국의 첫 흑인 대통령 당선에도 큰 공을 세운 바 있다. 미국 의회는 의원들의 트위터 사용 여부와 트위터 주소를 알려주는 공식 페이지(tweetcongress.org)를 운영하기도 한다.

지지율 하락에 시달리던 일본의 하토야마 유키오 총리는 2010년 1월 2일부터 트위터를 시작했다. 하토야먀 총리는 첫 메시지로 "새해 복 많이 받으세요. 앞으로 트위터에 익숙해질 때까지 하루에 한 개씩 메시지를 올리는 게 목표입니다"라는 글을 남겼다.

한국 정치판은 아이폰 상륙 후 트위터의 붐을 이룬다. 한나라당 디지털정당위원회는 11월 30일 "무선인터넷 시대의 디지털 정당의 면모를 갖추고 혁신의 이미지 확산을 위해 당 사무처 차원에서 아이폰 등 스마트폰 도입을 추진하고 있다"고 밝혔다. 이 같은 계획은 이날 사무총장에게 보고된 '한나라당 디지털 2010 계획(안)'에 포함됐다. 이 계획 하에 한나라당은 아이폰과 옴니아2 등을 사무처 직원 100여 명에게 2009년 안에 지급하고, 당 소속 의원들과 보좌진에게는 2010년 초까지 지급할 계획이라고 밝혔다.

정병국 한나라당 사무총장은 2010년 2월 7일 "국민과 기술 문명의 변화는 저만큼 가 있는데 정치권은 아직도 아날로그 시대에 머물러 있다"며 "변화의 핵심은 속도와 소통이며 이를 위해 한나라당을 스마트당으로 만들겠다"고 말했다. 정 사무총장은 사무처 전 직원과 전 당원협의회에 스마트폰을 지급하고, 당 전용 스마트폰 애플리케이션을 개발하겠다고 약속했다.

야당도 예외는 아니었다. 야당 중에서는 모바일 전도사 노회찬 진보신당 대표가 단연 돋보인다. 허리 왼쪽에 아이폰, 오른쪽에 블랙베리를 차고 다니는 그는 "아이폰 사용자 중엔 개혁 성향의 부동층이 많다"며 "우리가 빨리 달려가면 우리 지지층이 될 수 있다"고 말했다. 노 대표는 중앙당 상근자 23명에게 아이폰을 선물했다. 500여만 원의 비용은 선거 비용을 위해 저축해왔던 강의료, 방송 출연료로 충당했다. "모바일과 무선인터넷을 통한 소통을 위해 총 대신 아이폰을 택했다"는 게 노 대표의 설명이다.

노 대표는 당원을 대상으로 한 아이폰 지급 계획도 자신의 트위터를 통해 발표했다. 그는 2만 4,000여 명의 팔로어(follower, 해당 트위터의 메시지를 읽기로 등록한 이용자)를 갖고 있다.

스마트폰 확산 열기로 정치권에도 트위터 열풍이 불고 있지만 '권력자' 들의 선택은 좀 다르다. 권력자들은 외국계 트위터보다는 국내 기업이 만든 트위터인 미투데이(NHN, me2day.net), 요즘(다음,

yozm.daum.net)을 선호한다. 추적 가능 여부 때문이다. 힘을 가진 이들은 추종자도 많지만 동시에 '안티팬'도 많다. 안티팬들은 때론 '여론 공작'을 펴기도 한다. 외국계 트위터는 안티팬으로 추정되는 자가 악의적인 공작을 할 때 뒤를 캘 수 없다. 그러나 국내 포털 기업이 운영하는 트위터는 다르다. '때에 따라' 악의적으로 글을 남긴 이의 정체를 캘 수 있다.

IT업계 관계자는 "중국처럼 정부의 압박이 심하지는 않지만, 구글 등 외국계 기업도 한국에서 비즈니스를 하는 이상 국내 공권력의 압박에서 완전히 자유롭지는 않을 것"이라고 덧붙였다.

한편 일부 정치인은 트위터 자체의 실효성을 의심하기도 한다. 사람들이 남긴 글에 그때그때 '답글'을 달려면 의정 활동을 제대로 할 수 없다는 것이다. 팔로어만 1만 7,000명이 넘는 유시민 전 보건복지부 장관은 트위터를 하다 보면 (일의) 흐름이 끊긴다며 트위터 활동에서 거리를 두는 모습을 보이기도 했다. 또 국회의원이 그렇게 실시간 트위터를 할 수 있겠냐는 의혹도 정계에서 일었다. 간판에는 의원의 이름이 적혀 있지만 뒤에서 실제로 커뮤니케이션하는 주체는 보좌관일 수도 있다는 것이다.

한편 정부도 향후 모바일이 정부의 중요한 정책 전달 수단이 될 것이라는 판단 아래 정부 정책을 스마트폰으로 추진하는 방안을 계획했다. 정부 관계자는 "아직 초기 수준이지만 애플 앱스토어나 삼성 애플리케이션스토어 등에서 국민이 정부 정책 정보 애플리케이션을 자유롭게 내려받는 방법을 연구하고 있다"고 밝혔다.

 ## 트위터로 사전 선거운동을 하자

정치권에 트위터 열기가 불자 정치권을 단속하는 중앙선거관리위원회 (선관위)도 급해졌다. 당장 트위터를 통한 사전 선거운동을 막기 위한 단속에 나섰다.

근거 조항은 공직선거법 93조 1항인 "선거일 180일 전부터는 후보자를 지지하거나 반대하는 내용이 담긴 광고 벽보 인쇄물이나 '이와 유사한 것'을 배부 또는 게시할 수 없다"이다. 트위터를 전자메일의 일종으로 보고 단속에 나선 것이다.

선관위의 감시 방법은 '감시 대상'을 팔로어로 등록하는 것. 팔로어로 트위터에 등록하면 해당 트위터에 올라오는 글을 볼 수 있다. 선관위 측은 "공식 선거운동 시작일 이전에는 예비 후보자 외에 어떤 사람도 정당이나 입후보 예정자에 대한 지지나 반대 의사를 밝혀선 안 된다"며 "트위터를 통해 이런 내용을 게시하거나 '리트위트(retweet)' 해서는 안 된다"고 밝혔다. 선관위를 팔로어로 둔 트위터 사용자는 대부분 현역 국회의원 등 정치인이다.

정치권에서는 불법 선거 단속 모니터링의 실효성을 의심하는 분위기다. 기존에 공고한 선거법 테두리 안에서도 표를 위해서라면 교묘히 법망을 들락날락거리는 정치인이다. 선관위가 명확한 제재 기준도 없이 기존의 인력만으로, 온라인에 이어 모바일에서까지 뛰어다닐 정치인을 잡기에는 역부족으로 보인다.

트위터 이전에 UCC도 2007년 대선 당시 선거법 논란에 휘말린 적

있었다. 당시는 새로운 선거 방식에 따른 선거법 저촉 여부가 더욱 민감할 때였다. 정부가 내린 결론은 "문제의 소지가 될 수 있는 것은 단속한다"였다. 경찰은 네티즌 1,600명을 수사했고 선관위는 6만 개가 넘는 UCC를 삭제했다.

정치권에서는 트위터에서의 선거 활동 규제를 구시대적 발상이라며 공개적으로 선관위를 몰아세우고 있다. 2010년 2월 25일 국회의원 32명은 "첨단 정보화 시대에 살면서 정작 정보통신 매체를 선거에 활용하지 못하는 비합리적인 상황을 개선해야 한다"며 공직선거법 개정안을 공동 발의했다. 인터넷과 트위터 등 소셜네트워킹서비스를 정치인의 상시적인 의사 표현 도구로 만들겠다는 것이다. 개정안을 대표 발의한 정동영 민주당 의원은 "트위터는 유권자와 후보자 간뿐만 아니라, 유권자와 유권자 간 양방향 소통으로 대화의 벽을 허무는 수단이며, 민주사회에서 가장 중요한 의사 결정 방식인 대화와 타협, 토론과 설득이 자유롭게 이뤄지는 공론장"이라고 말했다.

법학자와 정치학자들도 도마 위에 오른 공직선거법 93조 1항에 대해 개정, 폐정에 무게를 둔다. IT전문지인《전자신문》의 미래기술연구센터가 2010년 3월 전문가 17명을 대상으로 한 설문조사에 따르면 폐지(6명)와 개정(5명)이 주를 이뤘다. 존속시켜야 한다는 응답자는 4명, 기타 2명이었다.

 ## 아이폰을 만든 애플에 주목하다

아이폰이 가져다준 충격 덕에 애플은 한국 사회에서 창의·혁신·새로움·남다름의 또 다른 이름이 된다. '애플을 배우자'는 열기는 한국 사회에 가득 찼다. 아이폰으로 타격을 받은 통합LG텔레콤의 초대 CEO인 이상철 부회장의 취임사가 "애플과 같이 철저한 고객 맞춤 가치를 제공하는 회사가 되겠다"였을 정도다.

애플은 한국에서 소녀시대 등 아이돌그룹 못지않은 관심사로 떠올랐다. 가장 주목받은 이는 역시 CEO인 스티브 잡스다. '한국판 스티브 잡스'를 키우자고 언론은 떠들기 시작했고, 서점에는 관련 서적들이 매대를 독차지했다. 출판사들은 '애플 서적 찾기'에 몰두한다. 아이패드 출시를 전후해 스티브 잡스에 대한 한국의 관심은 극에 달한다.

애플과 아이폰의 놀라운 수익성도 관심의 대상으로 떠오른다. 정부에서도 소프트웨어산업 육성 정책을 발표하며 아이폰의 수익성을 언급했다. 삼성보다 휴대폰은 적게 팔았지만 수익성은 애플이 훨씬 높다는 것이다. 아이폰은 제조원가가 20만 6,500원인데 출고가가 80만 원으로 원가의 3배를 가져가는 알짜 상품으로 분석된다. 한국 언론들은 혁신적인 아이디어가 수익이 된다고 모두들 입을 모은다.

아이폰을 디자인한 인물도 언론에 오른다. 마틴 유든 주한영국대사는 영국무역투자청 기자 설명회에서 조너선 아이브를 언급하며, 영국이 제품 디자인 면에서 강점이 있음을 강조했다. 아이폰에 게임을 공급하는 미국 파슨스스쿨 디자인경영학과의 조진숙 교수도 화제에 올랐다. 조 교수는 디자인 및 게임회사인 '스트래티직 디자인 랩'을 설립하고 2009년 11월부터 '랫 버스터스(Rat Busters)'라는 게임을 앱스토어를 통해 판매했다. 이 게임은 출시 한 달도 안 돼 1만 3,500여 개의 아이폰 게임 중 인기순위 1,000위권에 오르는 성과를 냈다.

한편 한국인의 급한 성미 탓일까, 아니면 업그레이드된 제품에 대한 기대감 때문일까, 그것도 아니면 아이폰의 인기에 재를 뿌리기 위해서일까? 3GS 모델이 들어온 지 한 달도 채 안 됐는데 새 모델인 4G 출시설이 돌았다.

발단은 외신이었다. 보도 내용은 구체적이었다. 차세대 아이폰이 이미 개발돼 테스트 중이며 아이폰 외주제작사인 팍스콘이 최근 애플사로부터 '4G 아이폰'의 생산 주문을 받았다는 말이 전해졌다. 출시 시점은 2010년 6월. 아이폰의 신형이 통상 1년 단위로 나오는 점을 고려한 추정이었다. 아이폰 판매장 직원들은 "4G 나오면 3GS는 퇴물되는 거 아니에요?"라는 질문을 하루에도 수십 차례씩 받는다.

3GS가 한창 팔리고 있는 시점에서 6개월 후에 새 모델이 출시된다는 소문은 악재다. 소비자가 "6개월 더 기다렸다가 사야지"라고 결정할 가능성이 높기 때문이다.

아이폰을 구매하려던 소비자들이 구입 직전 망설이는 주된 이유는 약정 기간에 묶여 있는 기존 휴대폰 보조금 때문이다. 6개월 기다리면 물어야 하는 위약금은 더 줄어든다. 소비자 입장에서는 기다렸다가 새 모델을 싼값에 사는 게 합리적인 선택인 셈이다.

소문은 무성하지만 정작 KT와 애플코리아는 모르쇠로 일관한다. 다만 2010년 1월 13일 벤처기업 신년 하례회에서 이석채 KT 회장이 차세대 아이폰(4G)을 도입할 것이라는 계획만 밝혔을 뿐이다. 이와 관련해 KT는 현재 애플과 진행되는 협상은 없다며 말을 아끼고 있다.

 ## 이제 애플과 구글의 싸움이다

아이폰이 출시 일주일 만에 한국을 평정하는 모습을 보고 놀란 이들은 마음을 진정시키며 대항마를 찾는다. 이미 삼성전자의 자존심 옴니아2가 아이폰에 깨진 상황이라 그들의 눈길은 해외로 향한다. 그래서 찾은 대안이 구글의 안드로이드폰이다. 자연스럽게 대결 구도는 '애플 대 구글'이 됐다.

두 기업은 외견상 '공존·협력'하는 친한 사이다. 구글은 애플 아이

안드로이드의 역사

일시	내용
2005년 7월	구글, 미국 캘리포니아주 팔로알토의 안드로이드사 인수
2007년 11월 5일	- 세계 IT기업이 모인 컨소시엄 오픈 핸드셋 얼라이언스(OHA) 결성 - 목적: 모바일 기기의 공개 표준 개발 - 주요 참가사: 구글, 인텔, 모토로라, 퀄컴, HTC, 삼성전자, LG전자
2008년 10월 21일	안드로이드 오픈 소스로 선언. 구글은 소스 코드를 아파치 라이센스로 공개
2008년 12월 9일	소니에릭슨, 도시바, 보다폰 등 새로운 14개 멤버가 안드로이드 프로젝트에 가담

폰에 브라우저 기본 엔진인 사파리와 지도 애플리케이션을 탑재하는 등 모바일 부문에서 협력을 이어오고 있다.

그러나 '우리는 친해요'라는 그들의 말을 믿는 바보는 없다. 두 기업은 물밑으로 훗날 IT의 왕좌를 놓고 치열하게 신경전을 벌이는 중이다. 모바일광고 시장에서 구글은 2009년 11월 모바일광고업체 애드몹을 인수했고, 애플은 2010년 1월 모바일광고업체 콰트로와이어리스를 인수했다. 이 경쟁이 수면 아래에서 벌어지는 상황이라면 스마트폰은 물 위에서 벌어지는 전면전인 셈이다.

이 싸움은 두 기업의 스타일이 정반대라는 점에서 더욱 흥미롭다. 애플은 폐쇄적으로 운영하는 대신 최고의 콘텐츠와 시스템을 제공해 사용자의 충성도를 끌어올리는 데 주력한다. 반면 구글은 개방성을 통해 개발자와 사용자에게 자율성을 부여하고 나아가 집단의 지혜를 이끌어낸다. 그리고 더 나아가 IT의 발전 방향 길목에 서서 자신들을 따라오게 하고 있다. 달리 말하면 구글 제품을 쓰도록 산업 환경을 조성해 은연중에 다른 회사를 구글에 종속시키는 것이다.

아이폰과 안드로이드폰은 두 기업의 스타일을 고스란히 물려받았다. 아이폰의 운영체제는 폐쇄적이다. DMB 등 국내에서 널리 쓰이는 프로그램이 아이폰에 못 깔리는 이유도 이 때문이다. 아이폰의 폐쇄성은 앱스토어의 개방성으로 상쇄된다. 아이튠즈를 통한 지속적인 프로그램 업데이트 등으로 관리도 소홀히 하지 않는다. 그러나 이 구속에 답답해하는 이들은 애플의 폐쇄성에서 벗어나고자 한다. 이 때문에 일부 아이폰 사용자들은 '탈옥'을 감행해 아이폰 고유의 운영체제를 벗

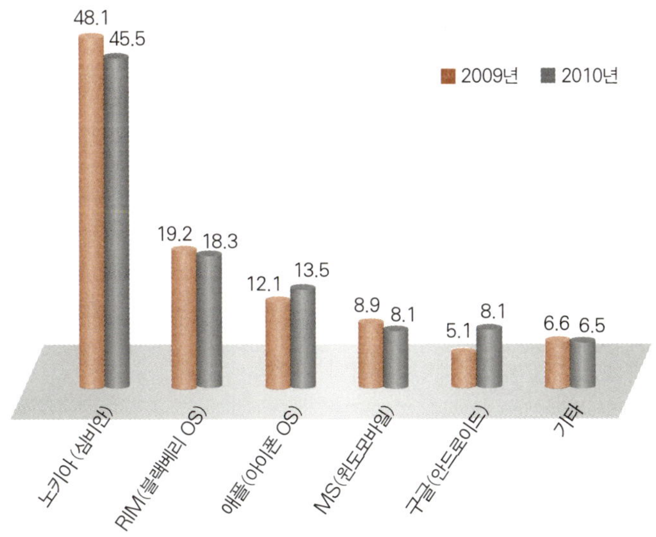

안드로이드는 2008년 10월 출시됐지만 빠른 성장세를 보이고 있다. 2010년에는 다른 운영체제의 시장 위상이 줄어드는 데 반해, 안드로이드는 아이폰과 더불어 상승세가 예상됐다.

＊자료: 시장조사업체 가트너　　＊단위: %　　＊2010년은 전망치

어나기도 한다. 한국 아이폰 사용자 중 '탈옥'을 감행한 이들은 10% 정도로 파악된다.

반면 구글 운영체제의 특징은 개방성이다. 구글의 운영체제를 택하고 싶은 제조사는 가져가서 쓰면 된다. 이 점은 안드로이드폰의 특장으로 꼽힌다. 시장조사기관인 로아그룹은 "애플의 독단적인 아이폰 운영체제 때문에 이통사들이 갈등하고 있다"면서 "그런 점에서 안드로이드는 스마트폰을 넘어 전자책이나 디지털TV, 전자액자 등 이른바 이

머징 디바이스 진화에 최적인 플랫폼"이라고 평가했다.

정만원 SK텔레콤 사장도 애플이 더 경쟁력 있어 보이는 것은 일찍 시작했기 때문이라며 구글은 오픈된 소스를 사용하기 때문에 더 강력하다고 말했다. 시장조사업체 가트너는 안드로이드폰이 2009년 3분기 시장점유율은 3%에 불과하지만 2012년에는 블랙베리와 아이폰을 제치고 2위에 오를 것으로 전망했다.

국내 소비자들도 구글 안드로이드폰의 개방성을 후하게 평가했다. SK텔레콤이 모토로이 예약 가입자 2만여 명을 대상으로 선택 이유를 물은 설문조사에서 '안드로이드폰이기 때문'이라고 답한 응답자가 55%나 됐다.

개발자에게도 아이폰보다 안드로이드폰이 더 매력적이다. 앱스토어에서 발생하는 이익은 애플과 개발자가 3 대 7로 나눠 갖는다. 그러나 안드로이드마켓에서 발생하는 수익은 개발자와 이동통신사에게 돌아간다. 구글은 안드로이드 운영체제도 무상으로 제공한다.

아이폰 때문에 위기에 봉착한 국내외 이통사와 휴대폰 제조사가 '복수'의 무기로 안드로이드폰을 선택한 점도 흥미롭다. 한국에서는 아이폰으로 스마트폰 시장을 선점당한 SK텔레콤이, 미국에서는 AT&T에 빼앗긴 패권을 찾으려는 버라이즌이 승부수로 안드로이드폰을 택했다.

SK텔레콤은 스마트폰 15종 중 12종을 안드로이드로 선택했다. LG텔레콤도 2010년 안드로이드폰을 2~3종 선보일 계획이다. 삼성전자와 LG전자도 아이폰 대항마로 안드로이드폰을 택했다.

막강해 보이는 안드로이드폰에도 약점은 있다. 우선 애플리케이션에서 아이폰에 밀린다. 아이폰은 앱스토어라는 든든한 지원군을 갖고 있다. 더구나 아이폰의 앱스토어는 선발 주자다. 이미 갖춰진 앱스토어 생태계를 기반으로 한 애플리케이션의 확장 속도는 후발 주자보다 단연 앞선다.

안드로이드폰은 아이폰 애플리케이션의 수를 따라잡으려면 아직 멀었다. 안드로이드폰 애플리케이션 개발자들이 "애플리케이션 다운로드 수가 너무 적다"고 푸념할 정도다. 특히 결제시스템에서 불만이 쏟아진다. 안드로이드 오픈마켓은 구글의 '체크아웃'이라는 온라인 결제시스템을 사용하고 있는데, 사용자들에게 생소하다 보니 불편하다는 말이 나오고 있다.

반면 아이폰은 앱스토어에서 애플리케이션을 고르면 사용자가 등록한 카드를 통해 결제가 이뤄지고, 해당 애플리케이션은 바로 아이튠즈에 내려받을 수 있다. 온라인상에서 프로그램을 산 뒤 컴퓨터에 내려받고 다시 기기에 옮겨야 하는 다른 시스템에 비해 앱스토어는 쉽고 간단한 체계를 갖췄다는 평가를 받고 있다. 안드로이드 마켓의 열악한 디자인도 개발자들의 불만 사항 중 하나다.

 ## 구글을 무서워해야 하는 진짜 이유

구글 안드로이드폰 대항마론은 구글이 2010년 '넥서스원' 출시 계획을 밝히면서 다시 한 번 부각된다.

구글은 넥서스원을 내면서 판매까지도 온라인을 통해 직접 하겠다고 말했다. 이통사가 유통망으로 공고히 '갑'의 지위를 유지하던 종전 체계를 거부하겠다는 것이다. 넥서스원을 구매하는 소비자들은 넥서스원을 산 뒤 이통사를 고를 수 있다.

구글은 단말기의 하드웨어 부분만 대만업체인 HTC에 맡기고 소프트웨어부터 디자인까지도 직접 했다. 운영체제를 차용해서 스마트폰을 만드는 기존 휴대폰 제조사들은 마땅찮아한다. 애플과 대항하여 자신의 편을 착실히 키워가도 되는 구글이 왜 굳이 휴대폰 제조사들의 공분을 살 수 있는 일을 했을까? 완성품을 만들어서 수익성을 높이려는 욕심에서?●

아니다. 이보다는 더 심오한 목적이 있다. 구글은 넥서스원을 많이 팔 목적이 없다. 안드로이드가 개방형 운영체제라고 하지만 안드로이드를 속속들이 아는 유일한 전문가는 구글일 것이다.

휴대폰 제조사 입장에서는 구글이 "안드로이드폰은 이렇게 만들어라"라고 제시해주면 계속 구글을 따라가기만 하면 된다. 다시 말해 구글은 이렇게 말하고 있는 것이다. "휴대폰 제조사들이여! 안드로이드폰을 만들어라. 구글이 만든 것처럼."

창조와 모방의 차이는 하늘과 땅이다. 구글이 넥서스원을 만든 목적은 '상업적 성공'이 아니라 '안드로이드폰의 표준 제시'인 셈이다.

● 제품의 가치는 완성품에 가까워질수록 더 높아진다. 각 단계 간에 추가되는 가치를 부가가치라고 부른다. 부품회사보다는 중간재, 중간재보다는 완성품을 만드는 업체가 더 많은 수익성을 거둔다. 이에 따라 부품회사들은 한 단계 높은 제품을 만드는 방식으로 회사를 키워나간다.

눈앞의 수익에 연연하기보다는 향후 미래를 이끌겠다는 게 구글의 숨은 욕심과 자신감이다. '마이 웨이(My Way)'를 외치기에는 역부족이어서 구글만 바라봐야 하는 한국 기업들의 현실을 떠올리면 모골이 송연하기까지 하다.

애플 쇼크 **후한 달**

Just like
iPhone

출시 일주일 만에 휴대폰, 나아가 IT업계 지형을 흔들자 한국에서는 "아이폰 그리고 애플이 뭐기에?"를 연발하기 시작했다.

아이폰이 몰고 온 애플의 충격은 외연을 넓혀갔다. 아이폰은 혁신의 상징으로 자리 잡았으며, 패션 등 유행을 선도하는 분야에서는 아이폰의 이미지를 차용하려 애썼다. 비즈니스 문화는 '아날로그'에서 PC 기반의 '디지털'을 넘어 '스마트 비즈(Smart Biz)'로 급변했다. 아이폰 애플리케이션의 개방성은 '보수성'의 대명사인 관공서의 벽도 허물었다. 정부와 기업들은 애플의 충격이 가져다준 교훈 배우기에 열을 올렸다.

 ## 열흘 만에 시장점유율 10%

아이폰은 출시된 지 열흘 만에 9만 대 이상이 팔렸다. 시장점유율은 10.2%를 차지했다. 옴니아2는 6.9%로, 아이폰 절반 수준에밖에 미치지 못했다. 아이폰은 스마트폰 시장 자체도 키운다. 스마트폰의 점유율은 2009년 11월 말 4.2%에서 일수일 후 18.9%까지 증가한다.

아이폰이 한국에서 10만~20만 대 팔릴 것이라는 보수적인 전망은 출시 한 주 만에 오판으로 드러났다. 이제 관심은 '얼마나 더 많이 팔릴까'에 쏠렸다. 출시 첫 주의 추세라면 2010년 상반기에만 95만 대까지 팔릴 수 있다는 전망이 나왔다. 출시 일주일 만에 아이폰은 언론사에서 뽑는 올해의 히트상품에도 이름을 올렸다. 포털업체 다음이 선정한 올해 인기검색어 '베스트10'에도 9위에 랭크됐다.

방통위는 2010년 대통령 주재 업무보고회에서 "내년 스마트폰 출시 비율을 24%까지 확대하겠다"고 밝혔다. 1년 사이에 10% 증가시키겠다는 것이다.

KT는 아이폰 열기를 등에 업고 "2010년엔 스마트폰 부문에서 SK텔레콤을 넘겠다"는 속내를 밝혔다. 반면 SK텔레콤은 시장점유율 마지노선으로 설정했던 50.5%가 무너질까 마음을 졸였다.

IT업계에서는 모바일산업 도래 가능성과 아이폰으로 열릴 새 시대를 맞이할 대응책을 모색하는 행사가 잇따랐다. 한국무선인터넷표준화포럼과 위피개발자포럼이 2009년 12월 8일 '2009 위피개발자 컨퍼런스'를, 한국콘텐츠진흥원이 11일 '모바일의 미래, 모바일 비전 2010'을 열었다.

아이폰은 스마트폰 사용자 모임에서 '어떤 제품을 선택할 것인가'를 묻는 질문에 옴니아 시리즈의 2배 가까운 선택을 받았다. 출시 이후 두 달 뒤 조사 결과지만, 아이폰은 국내 최대 관건인 일자리도 늘리는 역할을 했다. 게임프로그래밍 개발자 채용 규모가 2009년 중반에 비해 2010년 2월 58% 증가한 것이다.

일부 언론에서는 "아이폰 별거 아니다", "곧 신제품이 나온다"는 식으로 찬물 끼얹기로 일관했는데 이는 되레 "찻잔 속의 태풍으로 지나갈 것이라면, 과연 이런 기사들이 나올 수 있을까?"라며 아이폰 대세론에 대한 확신만 키운다.

심지어 아이폰이라는 단어가 '갑작스럽게 등장해 홍행을 하고 시대의 흐름을 바꾼 경우'를 빗댄 대표적인 용어로 자리 잡게 된다. 2009년 말에 등장해 대한민국을 강타한 영화 〈아바타〉를 두고 한 언론에서는 "3D 아바타, 한국 영화계의 아이폰 됐나?"라고 표현했고 한 가수는 인터뷰를 통해 신선한 충격을 가져다줄 음악을 만들겠다는 뜻으로 "아이폰과 같은 음악을 선보이겠다"고 밝히기도 했다.

 ## 생존을 위해 아이폰 잡은 40대의 고충

40대 가장은 항상 위험에 노출돼 있다. 시대의 흐름을 읽지 못하면 퇴출되기 십상이기 때문이다. IT의 변화는 사무 환경을 바꿀 수 있기에 40대 가장들은 더욱더 예민하게 반응한다. 2000년 이후 가파른 속도로 변화한 IT 환경이 그들 주변 그리고 그들의 업무를 어떻게 바꿔놓았는지 그들은 잘 알고 있다. 또한 새로운 IT 문물이 이미 자리 잡은 후 뒤늦게 따라가기가 얼마나 어려운지, 또 변화의 흐름 속에서 뒤처지는 사람으로 찍히는 게 훗날 어떤 후폭풍을 몰고 오는지도 잘 알고 있다.

모바일 기기는 그중에서도 가장 변화무쌍한 기기다. 일명 '삐삐'로 불리는 무선호출기를 쓰던 때가 엊그제 같은데, 이제는 휴대폰으로 상대방과 얼굴을 보며 통화하는 시대에 이르렀다. 이제 휴대폰은 PC 대용으로 쓸 정도로 발달했다.

한번 꽂히면 높은 집중력으로 역동적으로 사회를 변화시키는 게 한국인의 특징 중 하나다. 스마트폰 시대로 전환되는 건 이제 시간문제가 된 것이다.

아이폰 출시 이후 오피니언 리더들은 스마트폰 시대를 준비해야 한다고 떠들어댔고, 언론도 "모바일 혁명이 온라인 혁명보다 5배 빠른 속도로 세계 IT 시장을 흔들고 있다"고 말한다. 종합하면 이렇게 결론을 내릴 수 있다. "스마트폰이 대세다. 상용되고 난 뒤에 따라잡으려 하면 이미 늦는다."

변화하는 세상에서 생존하기 위한 40대의 본능은 스마트폰 구매로 이어졌다. 이들의 구매 이유는 '아이폰이 좋아서' 혹은 '스마트폰이 필요해서'가 아니라 '시대의 흐름을 좇기 위해서'다. 위기감을 느끼는 데다가 가능한 한 빨리 배우고 활용해야 하는 40대는 막강한 구매력까지 갖췄다.

그들은 애플리케이션을 빨아들일 태세로 앱스토어를 대한다. KT경

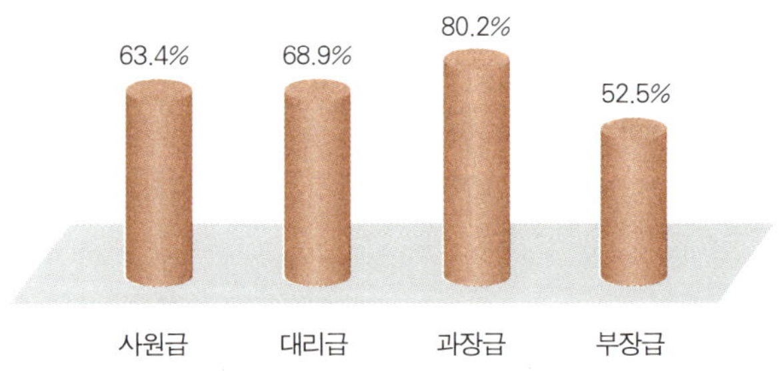

＊자료: 잡코리아　　＊대상: 남녀 직장인 857명
＊기간: 2010년 2월 9일~19일

제경영연구소에 따르면, 40대는 10~30대를 누르고 애플리케이션을
가장 많이 구입한 연령층으로 조사된다.

목적이야 어떻든 이왕 구입한 아이폰을 자유자재로 활용하면서 신
나게 쓰면 아무 문제도 없다. 그러나 아이폰을 쓰는 게 고통인 이들도
상당수다. 전화 거는 것도 어렵고 화면에 뜨는 자판의 크기가 너무 작
아 문자메시지는 오타를 내기 일쑤다. 단축번호 애플리케이션을 받기
전에는 1번 다이얼을 꾹 누르면 집으로 연결되는 단축번호 시스템도
사용할 수 없다. 초성 검색 애플리케이션이 없으면 전화를 걸거나 문
자를 보내기 위해 상대방 전화번호를 찾는 데도 한참 걸린다.

다양한 애플리케이션을 쓸 수 있다는 아이폰의 장점은 말 그대로
'그림의 떡'이다. 이를 위한 아이튠즈, 앱스토어는 등록부터 왜 이리
복잡한지. 얼마나 복장 터지는 이들이 많았으면 '아이튠즈, 앱스토어
활용법'까지 나왔을까.

또 하나의 걸림돌은 앱스토어에는 한글로 된 콘텐츠가 거의 없다는
점이다. 비밀번호의 힌트를 얻는 질문, 답변, 주소지 등을 모두 영어로
써야 한다. 쓸 만하다고 알려진 애플리케이션의 다수는 미국 계정을
등록하고 들어가야 한다. 미국 계정을 받기 위해서는 미국 주소, 우편
번호 등이 필요하다. 미국 계정을 만들더라도 원하는 애플리케이션을
찾기란 초보 아이폰 사용자에게 만만찮은 작업이다. 국내 앱스토어도
제대로 활용 못하는 40대들에게 미국 계정을 통한 미국 애플리케이션
활용은 언감생심이다.

일정관리도 아이폰의 장점이라고 하는데, 부모님의 음력 생일을 기

록하기 위해서는 음력까지 적힌 달력 애플리케이션을 추가로 앱스토어에서 내려받아야 한다. 기존 국산 휴대폰으로는 전화번호를 저장하면서 동시에 음력 기념일까지 넣을 수 있었는데, 아이폰의 기본 애플리케이션 연락처에서는 양력 생일 단 하나만 저장할 수 있다.

상황이 이렇다 보니 부인으로부터는 쓰지도 못하는 전화를 뭐 하러 비싸게 샀냐는 핀잔을 듣기 일쑤다. 일부는 아이폰을 시려고 직전에 쓰던 휴대폰 약정을 깨면서 위약금도 적지 않게 물었다. 이런 이들에게 스마트폰은 '스트레스폰'으로 불린다. 이들이 겪는 고통이 얼마나 컸으면 '스마트폰 포비아(Phobia, 공포증)'라는 신조어까지 생겼을까.

이쯤 되면 40대 남성들은 차라리 휴대폰을 버리고 싶은 충동이 들 정도다. 그래도 가격을 생각하면 그럴 수는 없다. 아이폰에 적응하기 위해 들인 노력도 아깝다. 터치폰의 생명인 스크린이 상할까 봐 코팅 필름도 붙이고 3만 원을 훌쩍 넘기는 보호커버도 사둔 상태다. 이 상황에서 스마트폰을 포기하기란 쉽지 않은 노릇이다.

40대는 그래서 현실과 자신의 능력 간의 괴리를 메울 해결책을 마련한다. 바로 '투(two)폰족'이 되는 것이다. 전화를 걸기 위한 목적으로 쓰는 일반 휴대폰 하나, 사무용 혹은 전시용 스마트폰 하나, 이렇게 2대를 갖고 다닌다. 기죽을 일도 아니다. 20~30대 젊은 직장인 사이에서도 투폰족이 늘어나고 있기 때문이다. 40대가 스마트폰을 제대로 활용할 능력이 안 되어서라면 20~30대는 대놓고 쓸 상황이 안 되어서 혹은 게임이나 인터넷을 즐기려는 목적에서다. 젊은 세대들은 장난감용으로 스마트폰을 사고 여기에 들어가는 비용은 자신을 위해 투자하는 문화비로 여긴다.

투폰족의 증가는 이동통신업계에도 영향을 미친다. 2010년 1월 이동통신 가입자는 27만여 명 증가했다. 작년 10~12월 월별 평균 증가치(9만여 명)의 3배 수준이다. 업계에서는 스마트폰 활성화에 따른 투폰족의 증가 때문이라고 분석한다. 과거 여러 대의 전화를 쓰는 경우는 업무와 사생활을 분리하기 위해서거나 보안상의 이유 때문이었다. 아이폰으로 투폰족의 성질 자체도 변한 것이다.

 ## 아이폰에 열광하는 강남 아줌마

살기 위해 아이폰을 산 남편을 보고 혀를 끌끌 차던 부인들도 아이폰에 빠진다. 아이폰을 들고 있으면 스타일리시하고 시대에 앞선 분위기를 풍길 수 있기 때문이다.

KT가 2009년 12월 12일 기준으로 통계한 자료에 따르면 강남 지역 여성의 아이폰 구매 비율이 높은 것으로 나타났다. 전체 아이폰 구입자 중 강남 3구(강남, 서초, 송파구)에 거주하는 20~40대 여성이 차지하는 비율은 4.0%였다. KT 전체 가입자 중 이들의 비중은 1.1%다. 아이폰을 쓰기 위해서 KT를 택한 강남 여성이 이전에 비해 4배 수준으로 늘어난 셈이다.

'마이클럽', '82쿡' 등 여성이 자주 찾는 온라인커뮤니티에는 아이폰이 어떤 물건인지를 묻는 질문이나 사용 후기가 하루에도 몇 건씩 올라오고 있다.

여성의 아이폰 선호 현상은 국내에만 국한된 일이 아니다. 일본도 여성지에 아이폰 특집기사를 여러 번 실었다. 패션의 완성을 위한 '머스트 해브 아이템'으로 포지셔닝된 것이다.

일본 시장조사기관인 임프레스에 따르면, 2009년 말 일본 시장의 스마트폰 중 아이폰의 점유율은 46.1%에 이른다.

 ## 아이폰에 무심한 10대

아이폰 열기 속에서 또 다른 관전 포인트는 10대들의 무덤덤함이다.

10대는 신문물 소비의 중심이다. 부모라는 든든한 지원군을 갖고 있고, 돈을 직접 벌지 않아 경제관념도 상대적으로 무디다. 이런 특성 탓에 한번 유행을 타면 폭발적인 소비력을 보인다.

그런 10대들이 아이폰에 무딘 반응을 보였다. 아이폰 예약 구매자의 90%가 20~30대였다. 10대는 극소수에 불과했다. 대신 10대들은 LG전자의 롤리팝, 삼성전자의 코비폰을 찾았다. 롤리팝 소비자 중 10대 비율은 절반이 넘었고, 코비폰도 10대가 45%로 20대(29%)의 2배 수준이었다.

롤리팝, 코비폰 등의 휴대폰이 10대에게 인기를 끄는 첫 번째 이유는 싸기 때문이다. 이러한 타깃 마케팅의 산물은 10대들에게 부담이

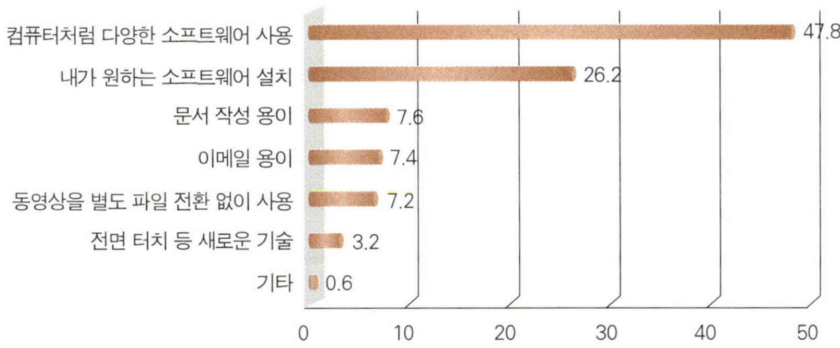

＊자료:《전자신문》미래기술연구센터 설문조사　　＊기간: 2010년 1월 27일~2월 1일
＊조사 대상: 1,500명(휴대폰 이용자 1,000명, 스마트폰 이용자 500명)　　＊단위: %

없다. 2년 약정을 걸고 4만 원 수준의 요금제에 가입하면 기기를 공짜로 손에 넣을 수 있다. 아이폰은 이에 비하면 고가다. 아이폰 구모델인 아이폰 3G(8G)를 구입한다고 가정하자. 2년 약정에 기본요금 4만 5,000원인 아이폰의 i-라이트 요금제에 가입하면 24개월간 13만 2,000원을 분납해야 한다.

둘째는 10대의 휴대폰 이용 패턴이다. 10대가 휴대폰을 사용하는 주목적은 통화가 아니라 문자메시지다. 수업 시간에 선생님 모르게 문자를 보내기도 하는 이들에게 터치스크린은 거추장스럽다. 그보다는 휴대폰을 보지 않고 손가락의 감각만으로 문자메시지를 보낼 수 있는 휴대폰이 훨씬 적합하다.

KT경제경영연구소에 따르면, 10대들에게 아이폰 주요 사용처는 무

연령대	10대	20대	30대	40대
사용처	무료 문자서비스	엔터테인먼트	소셜네트워킹서비스(SNS)	사무용

＊자료: KT경제경영연구소

료 문자서비스인 '핑(ping)'인 것으로 나타났다. 핑은 상대방이 세계 어디에 있든 핑 아이디를 입력하면 무료로 문자메시지가 전달되는 애플리케이션이다.

주목해야 할 점은 다른 애플리케이션이 아닌 핑을 선택했다는 것이다. 무선랜 이용시 요금 부담 없는 애플리케이션으로는 핑보다 '왓츠앱(WhatsApp)'이 더 유명하다. 이는 0.99달러를 내야 내려받을 수 있는 유료서비스다. 핑은 유료 버전(0.99달러)과 무료 버전, 두 가지가 있다. 무료 버전을 골라도 상대방과 공짜로 문자메시지를 주고받는 데 아무런 지장이 없다. 그 결과, 10대들은 무료로 이용할 수 있는 핑을 고른 것이다.

싼값으로 문자메시지를 보낼 수 있느냐는 10대가 휴대폰을 고를 때 가장 중요하게 생각하는 요인 중 하나다. 그들은 문자메시지를 싸게 보낼 수 있는 요금제에 따라 통신사를 먼저 선택하고 나중에 단말기를 선택하기도 한다. 롤리팝폰, 코비폰 등 특화폰은 특정 요금제에 가입하면 문자메시지를 한 달에 수천 건씩 제공하기도 한다.

마케팅도 10대를 혹하게 한다. 빅뱅, 2NE1 등 최근 10대들 사이에서 선망의 대상인 연예인이 광고 모델로 등장한다. 집 컴퓨터를 켤 시간도 없이 빡빡한 일상을 보내고 있는 10대들에게는 틈이 날 때마다 친구들과 문자로 수다 떨 수 있고 자신이 좋아하는 스타들이 홍보하는 제품에 눈이 갈 수밖에 없는 것이다. 부모 입장에서도 수시로 유료 애플리케이션 비용을 내느니 원천적으로 통화 시간과 문자서비스 분량을 정해놓고 추가적인 비용 부담을 막는 게 유리하다.

한편 스마트폰으로 갈아탄 10대들은 아이폰보다는 옴니아2를 많이 찾았다. 이는 기존 햅틱 모델과 사용자환경이 유사하고 이통사의 음원 서비스를 이용할 수 있다는 점이 강점으로 작용한 듯 보인다.

 ## 애플은 패션 아이콘

아이폰은 '혁신'의 아이콘이 됐다. 아이폰이 전 세계와 한국 소비자를 사로잡은 비결은 딱 '반 발' 앞선 기획력 때문이다. 박용만 (주)두산 회장, 박용현 두산그룹 회장, 남용 LG전자 부회장, 김승유 하나금융지주 회장 등 기업 CEO와 최시중 방통위 위원장 등 정부 고위급 인사, 국회의원 등 오피니언 리더들이 아이폰 대열에 동참하자 아이폰의 '앞선' 이미지는 한층 배가됐다.

'혁신'은 KT가 아이폰을 도입하면서 얻고 싶은 이미지 중 하나였다. 특히 합병을 통해 새롭게 변화하고 있다는 이미지가 필요할 때였다. KT가 독자적으로 아이폰을 출시하면서 이 부분은 어느 정도 성공한 듯하다.

아이폰이 가진 혁신 이미지를 차용하려 발 빠르게 나선 업계는 바로 패션 쪽이다. 패션 사업의 주요 마케팅 포인트 중 하나가 '입거나 착용하면 남들보다 앞선 느낌을 줄 수 있다'이다. 아이폰은 디자인의 대명사 애플이 만들어낸 제품인 만큼 기술적인 측면뿐만 아니라 디자인 면에서도 기존 휴대폰과 다른 새롭고 차별화된 성격을 갖고 있다. 아이폰의 디자인은 공학과 디자인이 잘 결합된 산물로 평가받는다.

아이폰 사용자들은 자신의 휴대폰을 스스로 꾸미고 애플리케이션을 활용하는 데 적극적이다. 그만큼 자신을 꾸미는 데 많은 투자를 한다는 것이다. 이들 중 상당수는 트렌드 변화에 민감한 젊은 얼리어답터이면서 고가폰을 가질 수 있는 경제력을 지닌 이들이다. 아이폰의 이미지와 사용자의 특성을 고려할 때, 아이폰 라인에 서는 것은 패션업계에게 있어 당연한 선택일지도 모른다.

패션업계는 아이폰 활용을 위해 분주하게 움직인다. 캐주얼 스포츠웨어 브랜드부터 고가의 패션 브랜드까지 아이폰 마케팅을 선보였다. 특히 애플리케이션 제작을 통한 제품 홍보에 집중됐다.

아디다스는 젊고 실험적인 문화 예술의 중심지로 떠오르고 있는 독일 수도 베를린의 거리 예술을 구경할 수 있는 '아디다스 어반 아트 가이드(The Adidas Urban Art Guide)'라는 애플리케이션을 선보였다.

나이키는 기본 애플리케이션으로 '나이키＋아이팟'을 아이폰에 넣었다. 운동량과 이에 따른 소모 칼로리를 확인할 수 있는 프로그램이다.

스포츠웨어 브랜드 반스는 아이폰 출시에 맞춰 애플리케이션 '아이반스뷰어(iVans Viewer)'의 무료서비스를 실시했다. 여기에는 브랜드 및 신제품 정보, 매장 정보 등이 담겨 있다.

고가 브랜드도 아이폰을 활용한 홍보 행렬에 동참했다. 구찌는 구찌 앱, 샤넬은 브랜드명을 그대로 쓴 애플리케이션으로 제품 및 컬렉션 정보를 제공한다. 휴고보스, 랄프로렌도 아이폰 애플리케이션으로 홍보에 나섰다.

메르세데스-벤츠코리아는 아이폰·아이팟 전용 가죽 케이스를 발매했다. 특수 처리된 가죽 표면에 메르세데스-벤츠 로고의 자수가 새겨진 이 케이스의 가격은 11만 원에 달한다. BMW는 아이폰으로 주행속도를 측정할 수 있는 소프트웨어를 제작, 온라인으로 무상 배포했다. 프리미엄 오디오 브랜드로 유명한 보스의 국내 수입사는 아이폰 사용자들을 위한 고급 스피커 '사운드 독 10', '사운드 독 포터블', '사운드 독Ⅱ 디지털뮤직시스템' 시리즈를 준비했다.

 ## 사무실도 모바일 시대로

"입사 초만 해도 다이어리와 수첩을 갖고 회의에 들어갔어요. 그런데 사무실에 무선랜이 설치되면서 노트북 하나 들고 회의에 들어가게 됐지요. 그런데 이제는 스마트폰 하나 들고 가요. PC가 따로 필요 없어요." 한 IT기업 팀장이 전한 회의실 풍경의 변천사다.

최근 10년간 기업의 사무 환경은 참으로 빠르게 바뀌었다. 무선랜으로 아날로그에서 디지털로 변했던 사무실은 아이폰 등장 후 '사무실'이라는 공간 자체도 허물고 있다.

스마트폰의 보편화로 모바일비즈니스 시대가 열리면 스마트폰 안에 기업의 결재 시스템을 깔 수 있게 된다. 그렇게 되면 스마트폰을 들고 있는 곳이 바로 사무실이 된다.

미국에서는 이미 직장인들이 노트북보다 스마트폰을 사용하는 사례가 늘고 있다. 애플리케이션이 늘어나면서 직장인들이 업무의 상당 부분을 스마트폰으로 해결할 수 있게 된 것이다.

국내에서도 IT기업뿐만 아니라 전 산업에 걸쳐서 모바일비즈니스 구축 작업이 한창이다. 해태제과의 경우, 2009년 12월 옴니아2 기반으로 모바일오피스 시스템을 도입했다. 해태제과 자체 업무 시스템인 '모바일 해누리'를 탑재한 옴니아2를 팀장급 이상 120여 명에게 지급했다. 2010년까지 전 직원에게 확대 적용할 예정이다. '언제 어디서든' 사내 결재 시스템 접속해 신속하게 업무 처리를 할 수 있도록 하기 위해서다.

KT 등의 이동통신사는 이를 위한 모바일오피스 플랫폼을 개발, 2010년부터 상용 서비스를 시작했다. 삼성SDS가 개발한 모바일데스크(Mobile-desk)를 활용하고 있는 삼성그룹은 CEO들을 대상으로 이 프로그램이 내장된 스마트폰을 지급하고 있다. 포스코도 2009년 11월 말부터 부장·실장급 간부와 임원급 300여 명에게 블랙베리 스마트폰을 지급했다.

금융권도 예외는 아니다. 대우증권은 2009년 하반기 전 직원을 대상으로 자사 업무용 프로그램이 탑재된 스마트폰을 지급했다.

의료계에도 스마트폰 바람이 불었다. 서울아산병원은 교수급 의사 350여 명에게 스마트폰을 지급했다. 스마트폰으로 병원 정보망에 접속해 환자 리스트, 처방 기록 등을 알아보면 환자를 대상으로 한 빠른 처치가 가능해 의료의 질이 높아질 것이라는 생각에서다.

회사에서 돈 받고 일하는 샐러리맨 입장에서 보면 모바일비즈니스 시대가 달갑지만은 않다. 사무실이라는 공간적 제약이 사라지고 언제 어디서든 결재를 할 수 있는 환경이 구축된다는 것은 달리 말하면 사무실이 아닌 곳에서도 일하고, 언제 어디서든 가능한 한 빨리 일을 처리해야 한다는 것을 뜻한다.

한 대기업 계열사 임원은 휴대폰을 3개 갖고 다닌다. 하나는 일반 휴대폰, 하나는 블랙베리, 다른 하나는 아이폰. 스마트폰 지급 후 업무는 더 편해졌을까?

그는 답했다. "예전에는 결재하기 전 고민하는 시간을 충분히 가질 수 있었다. PC를 통해 결재가 올라온 것을 몰랐다고 둘러대면 됐다. 그러나 스마트폰을 갖고 다니게 된 후부터는 결재가 올라오면 가능한 한 빨리 처리해주는 것도 능력으로 비춰진다. 시간에 쫓겨 급하게 결재하는 경우도 적지 않다."

또한 집에 오면 잠시나마 일을 떨쳐낼 수 있었던 예전과는 달리 이제 하루 종일 '일'에만 매달려야 하는 지경이 되었다.

한편 모바일비즈니스가 하나의 대세가 되자 상당수 직장인들은 오

히려 스마트폰 구입을 미루는 모습을 보인다. '우리 회사도 모바일비
즈니스 환경을 만들기 위해 언젠가 스마트폰을 지급해주겠지'라는 계
산에서다. 이통사의 보조금 때문에 싸졌다고 하더라도 30만 원 안팎의
가격과 비싼 요금제를 선택해야 하는 상황은 직장인들에게 부담 요소
다. 따라서 회사가 나서서 일 시키기 좋은 사무 환경을 만들기 위해 직
접 구입해 나눠줄 때까지 기다리겠다는 것이다.

 교육부터 종교까지, 생활 곳곳을 바꾸다

역동적이고 신문물에 강한 한국 사회답게 아이폰 문화가 대세로 인식
된 후 생활 곳곳이 변화하기 시작한다.

일단 콘텐츠사업이 확대된다. 문명의 발달로 콘텐츠를 담을 수 있는
그릇이 커진 상황이라 이런 식의 확장은 당연해 보인다. 대표적인 예
가 교육이다. 미래를 위해 잠잘 시간도 쪼개서 학원에 다니는 게 한국
인의 현실인데, 콘텐츠를 담고 다니면서 활용할 수 있는 도구가 나왔
을 때 교육콘텐츠가 일선에 서는 건 당연하다.

능률교육이 앱스토어에 올려놓은 '능률Basic영어사전'은 아이폰
출시 이후 월평균 1만 건에 불과했던 다운로드 수가 6배 증가했다.

무료 영어사전의 다운로드 건수 증가는 두 가지로 해석된다. 영어
공부를 하기 위해 다운받는 사용자도 있겠고, 기존 휴대폰에는 있던
영어사전이 아이폰에는 없기에 따로 다운받은 것일 수도 있다. 두 가

지 모두 원인이 되겠지만 휴대폰을 통한 교육, 다시 말하면 모바일 교육 시장이 커지는 것은 확실해 보인다.

이지보카의 경우 토익·토플·비즈니스 영어 등 24개 강좌가 앱스토어에서 인기리에 판매되었다. 별도의 학습 기기 없이 4.99달러로 자신의 수준과 목적에 맞는 강좌를 선택할 수 있다는 점이 인기 비결로 풀이된다. YBM시사닷컴이 만든 영어사전 '올인올(All in All)'도 16.99달러라는 적지 않은 가격에도 다운로드 10위권 내에 드는 인기 아이템이다.

출판계는 더 빨리 변했다. 아이폰 전용 전자책 서점 리디북스가 등장했다. 여기서 내려받은 책을 읽으려면 아이폰 혹은 아이팟터치가 반드

① 아이폰의 능동적 활용 가능성에 만족

② 이동 중에도 인터넷 이용, 잦은 트위터 활용

③ 평균 하루 한 번꼴로 아이튠즈 접속, 아이폰 동기화

④ 컴퓨터를 통한 USB 충전:충전기를 사용하는 충전 비율=8:2 혹은 9:1,

　　일반 휴대폰 사용자는 1:9

⑤ 웹 상의 구글 캘린더와 아이폰 연동 통한 일정 관리 프로그램 사용

⑥ 교회에서 예배 볼 때 성경책과 찬송가 대신 아이폰 사용

＊조사 대상: 아이폰 출시 전 따로 구매해 사용한 전문가 1명과 일반인 10명

＊조사 방법: 심층 인터뷰, 동행 관찰

＊자료: KT경제경영연구소

시 있어야 한다. PC를 통해 이 서점의 홈페이지에 접속하면 내용의 3분의 1만 보인다. 이 서점을 통해 판매되는 책은 온라인서점의 절반 수준에서 가격이 형성된다. 무협지와 경제·경영서적들은 2,000~3,000원선에서 거래된다.

공공 도서관의 전자책을 아이폰과 아이팟터치에서 볼 수 있는 프로그램도 개발됐다. 전자도서관 구축 전문업체인 우리전자책이 만든 이 서비스는 200여 곳에 이르는 공공 및 대학 도서관의 XDF 전자책을 아이폰과 아이팟터치에서 대출 열람할 수 있게 도와준다.

관광객 유치 목적용 애플리케이션도 제작됐다. 서울디자인재단은 세계 속 서울을 알리기 위한 목적으로 2009년 12월 10일부터 '세계디자인수도(WDC) 서울 2010' 애플리케이션을 무료 배포했다. 여기에는 WDC 2010 주요 정보와 서울시가 선정한 51개 디자인 자산의 위치가 담겨 있다.

아이폰은 일종의 아날로그적 공간이었던 예술 영역도 건드리기 시작한다. 경매는 특정 장소에 모여 미술품, 도자기 등의 예술품을 감상하고 그 자리에서 가격이 결정되는 지극히 아날로그적인 특성을 지닌다. 이 때문에 행사 장소가 경매의 성패를 가르는 핵심 요소가 됐다. 홍콩, 런던, 뉴욕 등 세계적으로 유명한 주요 상업지가 경매의 중심지로 여겨졌음은 두말할 나위가 없다.

그러나 아이폰의 등장으로 경매는 더 이상 장소에 구애받지 않게 되었다. 서울옥션은 전 세계가 공통으로 쓰고 있는 아이폰과 앱스토어 서비스를 통해 세계적인 수집가와 경매상들을 적극적으로 공략한다는 포부를 밝히고, 애플리케이션으로 경매에 출품된 미술품을 볼 수 있는 서비스를 2009년 12월 17일부터 시작했다. 여기서 한발 더 나아가 아이폰으로 경매 입찰에 참여할 수 있는 서비스도 2010년에 선보일 예정이다.

아이폰이 예술의 패러다임을 바꾸는 역할을 할 것이라는 전망도 나왔다. 박영욱 연세대 미디어아트연구소 교수는 "아이폰이 예술의 영역에서 가상현실의 패러다임을 증강현실(增强現實, augmented reality)의 패러다임으로 전화(轉化)시킬 것"이라고 예측한다.

가상현실은 말 그대로 가짜 이미지를 실제처럼 보이게 하는 것이다. 반면 증강현실은 현실에 가상 사물을 합성하여 원래의 환경에 이 사물이 존재하는 것처럼 보이도록 하는 컴퓨터그래픽 기법이다. 박 교수는 "가상현실의 한계는 현실이 고정되어 있다는 전제"라며 "증강현실에서는 어떻게 보느냐에 따라 현실이 무한히 늘어날 수 있다"고 분석했다. 현실에 가상세계가 붙어 현실이 더 확대되는 것이다. 박 교수는 현실을 특정하게 고정된 형태로 인식하는 부모 세대에게 소음은 절대로 음악으로 들릴 수 없지만, 다음 세대에게는 그것도 음악의 일종으로 들릴 수 있다고 덧붙였다.

아이폰은 종교 생활에도 침투한다. 앱스토어에는 성경과 불교 경전 애플리케이션도 올라왔다. 이제 교인들은 손에 묵직한 책을 드는 대신 아이폰 하나만 들고 다니게 됐다.

출시 석 달도 안 돼 아이폰용 애플리케이션은 한국인의 라이프 사이클과 함께 움직이고 있다. 설 연휴 때는 '친인척호칭법'이 애플리케이션 다운로드 1위를 기록했다. 친척이 모인 자리에서 실수하지 않도록 사전에 호칭을 체크하려고 했던 것.

현대인이라면 반드시 갖고 다녀야 하는 휴대폰에 인터넷을 접목시킨 스마트폰은 이렇게 한국인의 라이프 스타일을 새롭게 바꾸어나가고 있다.

 ## 도전받는 MP3플레이어와 DMB

순수예술도 아이폰에 흔들리는 상황에서 상업성 짙은 대중예술은 두 말할 나위가 없었다.

먼저 인기에 죽고 사는 엔터테인먼트 산업이 아이폰을 홍보 수단으로 쓰기 시작했다. 3인조 그룹인 '딜라이트'는 정규 1집 홍보를 아이폰 애플리케이션을 통해 시도했다. 애플리케이션에는 자신들의 소개, 뮤직비디오 동영상 등이 담겨 있다.

'아티스타'라는 신인 가수는 싱글 앨범의 타이틀곡 뮤직비디오를 아이폰만으로 촬영해 선보였다. 외국에서는 이미 실험적으로 제작된 바 있지만 한국에서는 첫 시도였다. HD카메라를 쓰는 다른 뮤직비디오에 비해 화질은 떨어지지만 휴대폰을 사용한 영상이라는 점에서 감성적 소구력이 있었다.

그룹 클론의 멤버 구준엽은 '아이폰 분해하는 법'을 자신의 블로그에 올려 주목을 받았다. 아이폰을 금장 테두리로 바꾸고 싶다는 생각에 분해를 시작했다는 그는 아이폰의 은장 테두리 분리에는 실패했지만 대중의 관심은 톡톡히 받았다.

음반업계도 아이폰 사용자를 대상으로 서비스를 갖췄다. 한국음원제작자협회는 2009년 12월 14일 아이튠즈를 통해 전 세계 81개국 아이폰과 아이팟 사용자에게 음원 공급서비스를 시작한다고 밝혔다. 이미 아이튠즈를 통해서 연평균 25억 곡이 넘는 서비스가 제공되고 있다. 음원의 가격은 곡당 0.99달러, 앨범당 9.90달러로 책정됐다. 전 세계적으로 통용되는 음악서비스 사이트를 통해 국내 음원이 서비스되기는 이번이 처음이다. 국내 음원의 규모는 17만 곡으로 추산된다.

인터넷 음악 제공업체인 벅스도 아이폰 전용 다운로드서비스를 갖췄다. 이 서비스의 포인트는 음악 파일을 애초부터 아이폰과 아이팟에게 맞게 변환해준다는 것이다. 아이팟을 쓰던 이들의 가장 큰 고충은 바로 음악 혹은 영상 파일을 다시 아이튠즈에 맞게 변환해야 한다는 것이었다. 이 불편함 때문에 많은 소비자들이 아이팟보다는 다른 MP3 플레이어와 PMP를 택했다. 그런데 벅스는 이 문제를 해결해준 것이다. 게다가 최신 영화뿐만 아니라 예능프로그램까지도 서비스 대상에 넣었다. 그동안 국내 소비자들이 주로 찾는 동영상이 부족하다는 게 앱스토어의 취약점으로 불렸는데 아이폰 확산으로 서서히 회복되는 모습이다.

지상파 DMB와 실시간 동영상 등 국내 스마트폰에 비해 아이폰의 결정적인 한계로 꼽히던 취약점도 메워져갔다. 나우콤은 2009년 12월 7일 아프리카TV의 실시간 개인 방송을 볼 수 있는 애플리케이션을 등록했다. 이 애플리케이션은 아프리카TV에서 가장 인기 있는 개인 방송 500여 개를 아이폰으로 제공한다. 이 애플리케이션은 출시 닷새 만에 3만 건의 다운로드를 기록해 인기 순위 3위까지 올랐다.

콘텐츠 전송네트워크업체들은 아이폰에서도 스트리밍 방식을 통해 DMB처럼 자유롭게 방송을 볼 수 있는 서비스 개발에 박차를 가하고 있다. 스트리밍이란 인터넷에서 음성이나 영상, 애니메이션 등을 실시간으로 재생하는 기법을 말한다.

아이폰의 등장으로 DMB업체는 위기감에 사로잡혔다. 아이폰 열풍으로 소비자들이 DMB와 무선랜을 통한 동영상 스트리밍 중 하나를 택하는 상황에 놓였기 때문이다. 소비자들이 스트리밍 방식에 손을 들어주면 DMB업계의 타격은 불가피하다.

DMB뿐만 아니라 MP3플레이어와 PMP도 설 땅을 잃지 않을까 하는 두려움에 휩싸였다. 애플이 2009년 12월 6일 실리콘밸리 벤처기업인 라라를 인수하자 MP3업계의 불안감은 더욱 커진다. 라라는 스트리밍 방식으로 음악을 제공하는 업체다. 애플은 2009년 말 기준으로 세계 디지털음원 시장의 70%를 점유하고 있다. 애플이 음원 공급 방식을 스트리밍 방식으로 전환하면 MP3업계의 타격은 불가피하다.

 **금융권과 유통의 새로운 수익원이 보인다**

금융권도 아이폰 사용자를 대상으로 한 서비스에 나섰다.

가장 먼저 은행이 움직였다. 기업은행과 하나은행이 아이폰 출시에 발맞춰 애플리케이션을 앱스토어에 올렸다. 2009년 12월에 선보인 하나은행의 애플리케이션은 은행 측이 공식적으로 알리기 전에 블로그와 트위터 등을 통해 네티즌 사이에서 먼저 퍼졌다.

두 은행은 은행서비스뿐만 아니라 스마트폰 특유의 기능을 활용한 부가서비스 제공에도 공을 들였다. 기업은행은 스마트폰에 내장된 카메라를 실제 건물 등에 비추면 영업점이나 현금입출금기 안내서비스를 받을 수 있는 증강현실서비스를, 하나은행은 위치정보시스템을 활용해 특정 위치에 있을 때 쿠폰을 주는 서비스를 제공한다.

17개 은행이 모바일금융협의회를 통해 공동 제작하는 스마트폰용 애플리케이션은 2010년 중에 선보일 예정이다.

증권사도 아이폰용 애플리케이션 개발을 완료한다. 2010년 2월 10일 KB금융증권과 미래에셋증권이 아이폰 애플리케이션을 통한 주식거래를 시작한 것을 필두로 속속 관련 애플리케이션을 내놓고 있다.

증권업계에는 '현장에 미소가 돌아야 전체 실적이 좋다'는 말이 돌 정도로 수익 구조에서 위탁매매의 비중이 절대적이다. 많게는 수익의 70% 이상이 위탁매매 거래 수수료에서 나온다. 증권사의 순위는 위탁매매 실적에 따라 좌우된다고 할 수 있다. 따라서 위탁매매의 새로운 수단, 그것도 가장 활발하게 매매가 전개될 수 있는 모바일트레이딩시스템(MTS)은 증권사로서 꼭 선점해야 하는 시장이다.

모바일을 통한 주식거래의 성장 가능성은 이미 확인됐다. 한국거래소에 따르면, 2008년 40조 원에서 2009년 67조 원으로 약 68% 증가했다. 스마트폰이 일반화되면 시장 확대 속도는 더욱 빨라질 것이다. 업계에서는 2010년 내 모바일을 통한 거래 금액이 전체의 10%를 차지하고, 5년 뒤에는 30%까지 확대될 것이라 전망한다.

대형 증권사들은 매월 500만~2,500만 원 이상의 주식거래를 유지하는 고객에게 스마트폰을 월 할부금 대납 등의 방법을 통해 무료로 지급했다. 사전에 모바일 주식거래의 큰손을 잡겠다는 의도가 깔려 있다.

그러나 초기 거래 수수료는 홈트레이딩서비스(HTS)보다 최대 13배 높았다. MTS 수수료는 거래 대금의 0.10~0.198%, HTS 수수료의 최저치는 0.015%였다. 상대적으로 높은 수수료는 초기 시스템 구축 비용과 이용자가 적은 데 따른 결과였다. 증권가에서는 이용자가 늘어나 거래 규모가 커지면 수수료 인하는 시간문제라고 내다본다.

유통업계도 재빠르게 움직였다.

G마켓은 2009년 11월 앱스토어용 애플리케이션을 선보였다. G마켓의 애플리케이션은 3개월 만에 10만여 건 이상 다운로드됐으나 두 달 만에 서비스를 중단해야만 했다. 신용카드사들이 "소비자들이 PC에서처럼 액티브X 결제 프로그램을 이용하지 않는다"며 결제 대행업체와 쇼핑몰에 압력을 행사했기 때문이다. G마켓과 결제 대행업체들은 외국 쇼핑몰과 같이 자체 웹브라우저 보안을 갖췄지만 무용지물이됐다.

인터넷서점 알라딘과 예스24도 스마트폰용으로 액티브X 없는 결제 방식을 도입했다가 신용카드사들이 결제를 거부하자 일주일 만에 서비스를 중단했다.

카드사들은 금융감독원의 지침에 따라 결제를 거부한 것이었다. 액티브X는 마이크로소프트의 웹브라우저인 인터넷 익스플로러에서만 구동된다. 이는 금융 당국의 폐쇄성과 변화된 시대에 대처하는 능력 부족의 상징이 된다.

 **관공서의 폐쇄성도 흔들리다**

애플 앱스토어의 개방성과 한국 정부의 폐쇄성이 한판 붙는 사건이 생긴다. 바로 경기도 버스정보시스템 사건.

2009년 12월 고등학교 2학년에 재학 중인 학생이 경기도 내 버스위치정보를 담은 애플리케이션 '서울버스'를 만들어 앱스토어에 올렸다. 프로그램의 정보원은 경기도 버스정보시스템 홈페이지였고 교통정보는 공개된 자료였다. 고교생이 만든 애플리케이션은 버스 번호만 입력하면 현재 버스 위치와 버스 노선, 첫차와 막차 시간, 버스 배차 시간, 정류소 번호까지 한눈에 보여줬다. 버스 이용자들에게 정류장에서 버스를 오랫동안 기다리는 수고를 덜어주는 이 애플리케이션은 앱스토어에 게시되자마자 하루에 1만 건의 다운로드를 기록할 정도로 인기몰이를 했다.

경기도는 열흘 후 이 서비스를 차단한다. 공공 정보를 사전 협의 없이 개인이 무단으로 이용했다는 것이다. 향후 이 서비스로 인해 발생하는 문제의 책임 주체가 명확하지 않다는 것도 또 다른 이유였다. 공공 정보 관리의 책임을 갖고 있는 공공 기관으로서 향후 논란이 생겼을 때 일어나는 일은 부담이 될 수 있었다.

이 애플리케이션은 서울시와 경기도의 홈페이지 정보를 이용하기 때문에 트래픽 증가에 따른 시스템 부하라는 현실적인 문제를 낳기도 했다. 서울시는 '서울버스' 때문에 홈페이지 시스템이 과부하돼 교통정보시스템 개편을 연기해야 할 상황에까지 놓였다.

그러나 이러한 조치는 네티즌의 공분을 샀다. 공공 기관이 하지 못한 일을 개인이 했는데, 칭찬을 해주지 못할망정 기껏 만들어놓은 서비스를 못 쓰게 한다며 불만의 글을 경기도 홈페이지 등에 올렸다.

불만이 치솟자 경기도는 12월 17일 차단 조치를 푼다. 김문수 경기도지사는 "경기도가 먼저 제공해야 할 버스운행정보를 제한한 것은 도민들께 크게 사죄할 일"이라며 여론 진화에 나섰다.

결국 '서울버스'를 둘러싼 경기도의 조치는 공공 기관의 정보 공개가 IT 발전 속도를 따라오지 못하는 대표적인 사례로 꼽히게 되었다. 미국은 2009년 5월 만든 'Data.gov'라는 연방정부 웹사이트를 통해 제한 없이 누구나 자료를 이용할 수 있고, 영국도 'Data.gov.uk'라는 사이트를 통해 국가의 기본 정보를 국민에게 제공한다. 한국 정부는 행정안전부를 통해 정부 기관 및 공공 기관이 보유한 공공 정보 현황 조사를 2010년 초까지 끝낸 뒤, 조만간 정보 공개 가이드라인을 정할 방침이다.

아이폰 열기가 힘겨운 KT

KT는 아이폰 열기에 마냥 기뻐할 수만은 없었다. 출시 이후 관리 과정에서 갖가지 문제점이 드러났기 때문이다. 물론 발단은 예상치 못한 흥행이다. KT도 아이폰이 이렇게 대박이 터질 줄은 생각지 못했다.

아이폰 개통식 행사부터 KT의 미숙한 일 처리가 도마 위에 올랐다. KT는 미숙한 행사 진행과 예약 구매 발송 지연 등으로 아이폰의 만족감에 흠집을 냈다. 개통 행사에서 선착순 100~300번까지 상품으로 제공되기로 했던 충전식 거치대는 하루 전날 케이스로 바뀌었고, 예약 구매 발송은 28일에서 30일로 미뤄졌다.

예약 구매자들은 온라인 판매처인 폰스토어 게시판에 4,000건 이상의 불만 사항을 올렸다. 일부 소비자들은 온라인커뮤니티를 중심으로 피해보상운동을 펼쳤고, 다음 아고라에는 "예약 고객에 대한 충분한 보상과 이석채 회장의 공개 사과를 요구한다"는 내용의 서명운동이 벌어졌다. 대리점에서 살 때 액세서리 제공 등의 혜택이 더 많다는 얘기가 나오면서 "차라리 예약 구매를 취소하고 대리점에 가서 사겠다"는 불만도 쏟아졌다.

KT는 2009년 12월 2일 기업 블로그인 '올레KT'와 폰스토어에 사과문을 올리고 3일 "폰스토어 아이폰 예약 가입 고객 전원에게 3개월간 무선데이터 500MB를 무료 제공한다"고 공지했다.

아이폰이 팔리기 시작하면서 고객센터에는 아이폰 사용법에 대한 문의 전화가 쏟아졌다. KT고객센터는 개통, 해지, 요금 업무 등을 주로 맡는다. 그러나 아이폰 출시 이후에는 '아이폰 고객상담센터'가 되었다. 전체 고객 문의 중 40%가 아이폰 관련 질문이었다. KT 본사에서는 폭주하는 문의 전화를 응대하기 위해 이동통신 전담 상담 번호인 114 안내 직원들에게 기초적인 아이폰 사용법을 교육시켰다.

물량이 부족한 거 아니냐는 의혹도 샀다. 12월 23일 아이폰 개통 중지 해프닝은 이 의혹을 키우는 데 결정적 역할을 한다. 실제로 교체 물량, 즉 리퍼폰은 일찍 소진됐다. 12월 26일부터 KT플라자 등 일부 대리점은 리퍼폰이 부족해 소비자에게 제품을 교체해줄 수가 없었다. KT 측에 따르면, 애플로부터 받은 1차 물량은 25만 대, 이 중 교체를 위한 리퍼폰은 5%인 1만 2,000대였다. 출시 한 달 만에 이 물량이 소진된 셈이다.

애프터서비스 문제도 끊임없이 KT를 괴롭혔다. 애플의 애프터서비스 시스템은 아이폰의 주요 결점으로 꼽힐 정도로 국내에서 좋은 평판을 받지 못하고 있었다. 아이폰과 애플을 향한 불만은 KT가 고스란히 떠안을 수밖에 없었다. 사용자의 폰을 수리하는 대신 중고 부품으로 만든 폰을 주는 리퍼 제도, 서양인에 눈에 맞춰 액정이 다소 누렇게 보이는 '오줌 액정'● 등 소비자의 불만은 끊임없이 이어졌다.

● 서양인의 눈에 맞춰 노란색 톤으로 화면을 맞췄기에 일어나는 논란이다. 한국인은 흰색에 근접한 색상을 선호하기 때문에 아이폰 액정이 상대적으로 소위 '오줌' 처럼 누렇게 보일 수 있다. 게임기 '닌텐도 DS' 도 오줌 액정으로 소비자들의 불만이 제기된 바 있다.

 ## 아이폰이라고 불만이 없을 순 없다

정상에 서면 장점보다는 단점이 부각되게 마련이다. 호사가와 경쟁자들은 흠집거리가 나오기만을 기다린다. 승자가 된 아이폰도 피할 수 없었다. 아이폰의 핵심인 애플리케이션에서도 사고가 발생했다.

이른바 '앱스토어 먹튀 사건'. 극장 CGV의 영화 상영 시간이 담긴 'CGV타임'이라는 애플리케이션이 앱스토어에 오르자 사용자들이 대거 내려받았다. 그러나 이는 CGV 측과 사전 협의를 거치지 않은 것으로 곧 서비스는 중단됐다. CGV타임은 유료(0.99달러) 애플리케이션이었고, 이미 내려받은 소비자들은 환불받지 못했다.

국제적으로는 애플리케이션 리뷰 조작 사건이 일어나기도 했다. 기기 자체의 안전성도 논란이 됐다. 한국소비자연맹 공개상담실에는 "아이폰을 노트북에 연결해 충전하던 도중, 책상 사이의 철에 살짝 접지되면서 스파크가 일어나 손가락에 불똥이 튀었다"는 글이 올라왔다.

아이폰을 진동모드로 하면 사진 또는 동영상 촬영 때 신호음이 나지 않는 점도 문제가 됐다. 몰래카메라 방지를 위해 한국정보통신기술협회는 국내에 출시되는 모든 휴대폰에 한해 60~68데시벨(dB) 이상의 촬영음을 내거나 타인이 인식 가능하게 빛을 내도록 권고하고 있다.

휴대폰 외관의 미세한 균열과 함께 요금도 아이폰의 약점이다. 아이폰 요금제는 한 달을 기준으로 일정량의 무선데이터를 쓸 수 있게 설정되어 있다. 일반적으로 기본료 월 4만 5,000원의 i-라이트를 쓰면 무선데이터 사용량을 초과할 가능성이 거의 없다. 이 요금제에서는 한

달에 500MB까지 쓸 수 있는데, 무선랜 없이 3G만 쓴다고 해도 한 달
에 이만큼 쓰기는 쉽지 않다. 출퇴근 시간에 지하철에서 1~2시간 스
마트폰을 이용해야 한 달에 700~800MB를 쓸 수 있다고 한다. 그러
나 해외 로밍은 다르다. 해외에서는 국내 요금제를 적용받지 못한다.
쓰는 만큼 고스란히 데이터 요금으로 전가된다.

요금 문제가 반복적으로 도마 위에 오르자 KT는 홈페이지에 이 사
실을 공지하고 2010년 1월부터 아이폰 통신 사용량 조회서비스를 제
공하고 있다. 관련 애플리케이션 개발 계획도 마련했다.

그러나 이는 미봉책일 뿐이다. 전문가들은 국내 소비자들이 해외로
나갈 때 현지 이통사 서비스를 쓸 수 있게 '로크(lock)'를 풀어야 한다
고 지적한다. 로크는 다른 나라에서는 휴대폰을 쓸 수 없게 잠금장치
를 해놓는 것으로 휴대폰에 로크를 거는 나라는 전 세계적으로 한국이
유일하다. 다른 나라에서는 일정 요건만 되면 소비자의 요청에 따라
로크를 풀 수 있다.

상품별 소요 무선데이터량

상품	소요 데이터량
벨 소리	0.5MB
게임	1.5MB
음악	2.5MB
드라마	106MB
웹페이지	0.1MB

이에 대해 통신사들은 해외에서 휴대폰을 불법으로 유통하는 것을 막기 위함이라고 하지만 사실 사설업체에서 로크를 푸는 데 드는 비용은 3만 원 정도다. 마음만 먹으면 누구나 로크를 풀 수 있는 상황에서 '불법 유통 방지'라는 통신사의 입장은 설득력이 떨어진다.

이보다는 이통사의 수익 확보를 위해 로크를 건다는 분석이 설득력 있어 보인다. '언로크' 상태에서는 유심(USIM)•만 교체하면 해외에서도 현지의 통화서비스를 저렴하게 이용할 수 있다.

해외 로밍 시장의 규모는 2002년 연간 200억 원에서 작년에는 3,000억 원까지 지속적으로 성장하고 있다. 로크를 풀면 이통사 입장에서는 가파르게 늘어나는 해외 로밍 수익을 포기해야 한다.

스마트폰 시대에도 국내 이통사는 이 정책을 고수하고 있다. 이 때문에 국내 소비자들은 '모르고' 해외에서 인터넷을 사용했다가 요금 폭탄을 맞거나 해외 이통사의 싼 로밍서비스를 받기 위해 사설업체를 통해 로크를 풀어야 하는 수고를 감수하고 있다.

 ## 아이폰 마니아 그리고 언론의 옴니아 일병 구하기

전 세계적으로 인기를 얻고 있는 아이폰은 팬덤(fandom) 현상의 대상

• Universal Subscriber Identity Module. WCDMA 네트워크 접속 및 가입자 인증 소프트웨어 모듈로 가입자 정보, 인증 정보, 네트워크 정보 등의 주요 정보와 문자메시지, 이메일, 폰북 등의 개인 부가서비스 정보를 저장한다.

이 된다. 덴마크 통신컨설팅업체인 스트랜드컨설팅은 "아이폰의 팬들은 결함까지도 사랑할 정도로 집착에 가까운 옹호를 보여준다"고 분석했다.

한국도 예외는 아니다. 그런데 한국의 마니아들은 조금 색다른 특징을 띤다. 단점을 지적하는 상대의 '배경'을 의심하고 나선다는 점이다. 아이폰의 흠을 짚으면 삼성전자, SK텔레콤의 '알바'냐고 몰아붙이고 '아이폰 애프터서비스 정책의 문제점'을 지적했던 MBC는 '삼성 때문'이라는 음모론에 휘말리기도 했다.

만사가 지나치면 모자람만 못하듯, 자신의 선택에 대한 지나친 과신과 여기에서 비롯된 외골수적인 아이폰 마니아들의 태도는 눈살을 찌푸리게 하는 와중에 아이폰에 대해 국내 언론이 형평성을 잃은 것도 사실이라는 지적도 나왔다.

언론 전문 비평지인 《미디어오늘》이 아이폰이 본격적으로 부각되기 시작한 2009년 6월부터 이 부분을 분석했다. 2009년 6월 25일 《미디어오늘》은 '삼성 제트는 띄우고 아이폰은 평가절하'라는 제목의 기사를 인터넷에 띄운다. 삼성의 제품에 대해 언론이 '스마트폰 그 이상'이라고 띄우고 '아이폰을 향한 관심'은 사대주의로 폄훼했다는 것.

이에 앞서 6월 10일에는 아이폰이 출시되지 못하는 주 원인은 '통신회사들의 독과점 폭리 구조와 폐쇄적인 무선인터넷 시장' 때문이며 정작 언론은 이를 비판하지 못하고 있다고 일침을 가했다.

아이폰이 출시된 2010년 1월에는 '재벌 앞에 서면 한없이 작아지는 언론'이라는 제목으로 국내 언론이 아이폰의 단점을 부각시키면서 삼성전자 옴니아2를 치켜세우는 기사를 쓰는 것은 힘의 구조를 의식한 결과라고 비판했다.

사실 삼성전자와 SK텔레콤은 광고비 지출에서 1, 2위를 다투는 회사다. 언론이 기업의 광고에서 자유롭지 못한 상황에서 국내 기업의 입김이 기사 내용에 직간접적으로 영향을 미칠 수밖에 없다.

통신업계에서는 "아이폰에 대해 냉소하거나 시기하기 전에 소비자들이 아이폰을 선택한 이유를 분석하고 국내업체가 소비자들을 실망시킨 원인이 뭔지 곰곰이 되씹어봐야 한다"는 자성의 목소리가 나오고 있다.

한국 대기업에 위기가 왔다

국내 시장에서 ‘절대 우위’를 뺏기지 않을 거라 방심했던 한국의 빅 가이들은 제대로 한 방 먹었다. 상처 난 자존심을 메우려 국내 굴지의 기업들은 이를 갈았다. 막강한 물량 공세를 예고했고, 소비자들의 인식을 바꾸려 마케팅 비용을 쏟아부을 준비를 한다. 특히 애플을 향한 삼성전자의 복수전에 세간의 이목이 집중된 가운데 삼성전자는 ‘관리’의 귀재답지 않게 여러 가지 해프닝을 벌인다. 전문가들은 “단기적인 뒤집기가 중요한 게 아니라, 애플의 전혀 다른 패러다임에 주목해야 한다”고 입을 모았다.

한편 아이폰의 열풍이 채 가시기 전에 또 다른 충격을 안겨줄 애플의 신무기가 공개된다.

대기업, 위기의 순간이 닥치다

이통사들은 힘들이지 않고도 고수익을 보장하는 데이터통신 매출을 지키기 위해 일부러 제품의 기능을 줄여가면서까지 무선랜 탑재를 막아왔다. 그 결과 한국 모바일 시장에는 하드웨어만 있고 소프트웨어와 서비스가 없었다. 시속 100km로 이동하며 초고속인터넷을 쓸 수 있는 와이브로 기술을 갖고 있었지만 정작 상품으로 활용하지는 않았다. 당연히 관련 시장이 성장할 리 만무했다. 국내 이통사의 매출 중 무선데이터의 비중은 17%에 불과하다. 일본(41%)의 절반에도 못 미치고 중국(27.2%)보다도 못하다.

아이폰은 이통사가 오랫동안 공들여 지켜왔던 방어벽을 무너뜨린 셈이다.

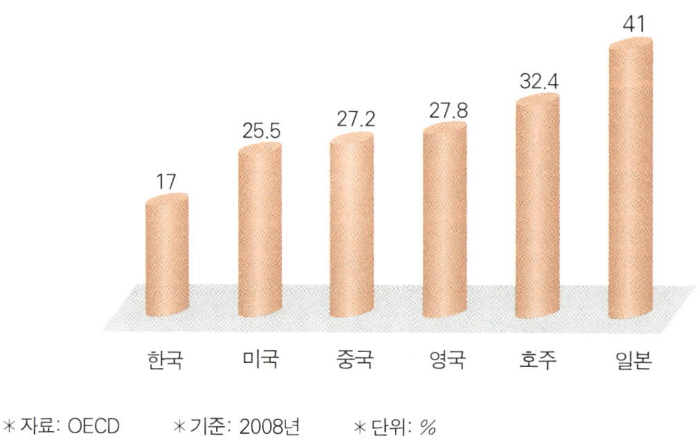

과거의 일을 두고 시시비비를 가리는 것도 중요하지만 더 중요한 것은 미래다. 특히 경제의 동맥인 기업, 그중 맏형인 대기업은 향후 '생존'을 위해서 애플 쇼크가 주는 의미를 곱씹어봐야 한다.

IT세대의 대표 주자인 안철수 카이스트 석좌교수는 "아이폰 쇼크는 현재 대기업이 위기에 처해 있음을 알려준 경고"라고 말한다. 다음은 안 교수의 주장이다.

"하청업체들에게 일을 떼어줘서 최단 시간 내에 최저의 가격으로 최고의 품질을 만들어내는 데는 우리 대기업들이 능하다. 그러나 아이폰, 페이스북, 구글은 수평적인 네트워크 모델에서 비롯된 것이다. 수직적 관계에서는 하청업체를 쥐어짜는 '관리'를 통해 경쟁력을 유지할 수 있다. 그러나 수평 모델에서는 수평의 위치에 있는 다른 회사와의 협력을 통해 경쟁력을 갖는다.

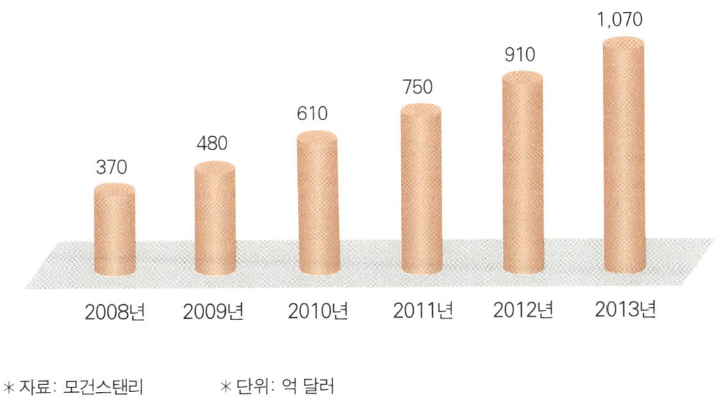

우리는 다른 회사를 내 편으로 만드는 데 약하다. 왜 우리나라에 닌텐도 같은 회사가 없느냐? 그것은 우리가 설득, 수평적인 구조, 이익 공유를 통해서 우리 편으로 이끄는 관리 역량이 없기 때문이다.

아이폰 상륙은 수직적인 구조의 국내 대기업과 외국의 수평적인 비즈니스 간의 충돌이다. 우리나라 대기업들에게는 위기의 순간이 올 것이다. 기존의 수직적인 사고방식을 가진 사람들은 수평적인 사고로 바뀌지 않는다. 기존 하드웨어 중심이 소프트웨어 중심으로 안 바뀌듯이. 아이폰은 애플리케이션 개발자에게는 굉장히 큰 기회다. 그러나 대기업에게는 위기다. 패러다임의 충돌이라 볼 수 있다(2009년 12월 17일에 열린 오마이뉴스 10만인 클럽 특강 중에)."

아이리버로 벤처 신화를 일궜던 양덕준 민트패스 대표는 안철수 교수의 말에 보다 구체적인 사례를 제시한다. 그는 대기업의 변하지 않는 '갑' 정신이 발전을 후퇴시켰다면서 "(스마트폰, 태블릿PC와 관련해) 민트패스의 가능성을 보고 제휴를 타진해온 대기업들은 상호 원원이 아닌 자신들만을 위한 일방적인 제휴를 요구해왔다"고 밝혔다.

국내 소비자심리학의 권위자인 황상민 교수는 이통사와 휴대폰 제조사의 소비자 기만 행위를 비판한다. 그동안 사용자들이 가장 원해왔던 휴대폰을 통한 인터넷 접속을 가능하게 했다는 점에서 아이폰에 대한 광적인 지지는 자연스러운 일이라는 것이다.

아이폰 출시 이후 소비자들이 기존의 친구였던 이통사와 휴대폰 제조사를 불신하게 된 것도 일종의 '배신감' 때문이라 할 수 있다. 기업들이 소비자의 이익을 등한시한 데 대한 고객 차원의 가장 적극적인 저항인 것이다. 휴대폰의 핵심 기능인 통화 음질을 보고 SK텔레콤에 터를 잡았던 소비자들이 그 부분을 포기하면서까지 SK텔레콤에 등을 돌린 이유 또한 같은 맥락에서 해석될 수 있다.

소비자들의 이런 반응을 보고 이통사들은 뒤늦게나마 소비자의 마음을 돌리려 애쓴다. 대표적인 예가 무선인터넷망이다. 아이폰이 들어오자 부랴부랴 작업에 나선다. 지금껏 자체 무선인터넷망이 없었던 SK텔레콤도 아이폰이 한국에 떨어지고 나서야 구축 작업에 착수한다.

무선인터넷망 구축이 어려워서 그동안 이통사들이 안 했을까? 천만의 말씀이다. 기존 유선인터넷망 끝에 무선인터넷 관련 부품만 붙이는 간단한 작업이다. 이 쉬운 일을 이통사들은 왜 미루고 있었을까? 한국은 미국과 달리 땅이 좁은 데다가 유선망도 잘 갖춰져서 소비자들의 수요가 없어서일까? 그보다는 경쟁 없는 이통업계 구조 속에서 그들의 이해관계에 소비자의 권익은 뒷전으로 밀렸기 때문으로 보는 게 답인 듯하다.

이통사들은 스마트폰이 대세로 접어들자 일반 휴대폰뿐만 아니라 노트북·전자책 등 모든 데이터 단말기에서도 무선인터넷을 쓸 수 있는 환경을 만드는 작업에 나섰다.

 **애플 쇼크는 패러다임 전환의 기회**

애플 쇼크가 주는 또 하나의 메시지는 단순히 더 좋은 기능을 덧붙인다거나 보기 좋은 게 다가 아니라는 점이다.

세계적인 마케팅 전문가인 잭 트라우트는 "아이폰은 참신하고 삼성 휴대폰은 그렇지 못하다"며 "삼성전자가 차세대 아이디어를 주도하기 위해선 반드시 리포지셔닝 과정을 거쳐야 한다"고 지적했다.

아이폰이 인기를 끌었다고 아이폰을 본따 제품을 만드는 전략은 제조업에서만 통용되는 사고다. 애플이 아이폰을 통해 소비자에게 소구한 부분은 감성이다. 이어령 이화학술원 석좌교수는 아이폰의 성공 비결에 대해 "아이폰은 손가락으로 직접 터치스크린을 조작하기 때문에 기계와 내가 생명으로 통할 수 있다"고 분석했다.

빠른 운영체제와 정전식 터치스크린을 제외한다면 아이폰은 다른 휴대폰에 비해 기술적으로 나은 점이 없고, 오히려 뒤떨어지는 점도 많다.

이 한계를 뒤집는 게 바로 감성에 바탕을 둔 창의성이다. 이 창의성은 딱 반 발짝만 앞선다. 한 발짝을 앞선 창의성은 시대로부터 동떨어졌다는 평가를 받기 일쑤다. 누구나 생각하지만, 그 누구나 생각하는 것에 변화를 줘서 세상을 흔드는 게 바로 애플이다.

그렇다면 애플을 따라잡기 위해 불철주야 일 혹은 연구에만 매달려야 할까? 오히려 그 반대다. 기존의 틀 속에서 조이기만 했던 요소들을 풀어헤쳐야 한다. 애플과의 간격을 줄이려면 한국 대기업에 퍼진 기술 중심의 패러다임 자체가 변화해야 한다.

한국의 기업, 특히 대기업들은 효율과 비용이라는 두 가지 축을 두고 남들보다 싸게 혹은 빨리 만드는 것에만 열중했다. 미래보다는 단기간의 실적에만 급급했다. 간혹 기술적으로 더 좋은 제품을 만들기도 했다. 그러나 감성을 건드리고 시대를 바꾸는 제품을 만들지는 못했다. 앞선 기술도 시대를 앞서가지는 못한다.

이런 식의 전략으로 한국은 선진국의 문턱까지는 진입했다. 그러나 선진국으로 가는 문지방은 넘지 못하고 있다.

선도 기업이 되느냐 후발 기업으로 쫓아가느냐의 차이는 크다. 오른쪽의 표는 IT업계에서 선도 기업과 후발 기업 간의 차이를 보여준다. 선도 기업이 소비자보다 앞선 기술의 제품을 출시하면 소비자는 느리지만 천천히 반응한다. 반응 과정은 곧 선도 기업의 매출로 이어진다. 시장에서 선수를 뺏긴 후발 기업은 비용이 덜 드는 모방을 통해 선도 기업의 시장에 뛰어든다. 제품 자체의 품질 면에서 차이가 나고, 소비자를 만족시키는 데도 선도 기업에 비해 한참 걸릴 수밖에 없다.

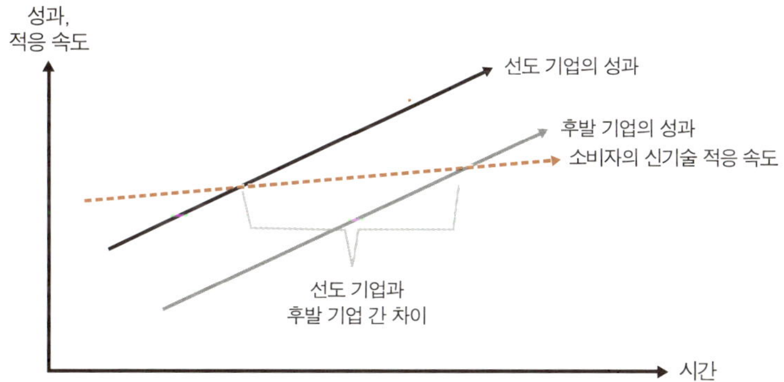

파괴적 혁신(disruptive innovation)은 시장을 재창조한다. 선도 기업이 혁신을 통해 소비자의 눈을 높이면, 후발 주자는 이를 앞지를 생각은 못하고 따라가기에 바쁘다. 그동안 선도 기업은 또 다른 혁신으로 후발 주자와의 간격을 벌린다.

선도 기업과 후발 기업 간 시간상의 차이는 선도 기업이 또 다른 혁신을 하는 연구의 시간이 된다. 기술이 아닌 '창의'로 인해 벌어진 차이는 단순한 기술의 차이가 만든 간격보다 넓다. 기술력만으로 극복하려고 덤비는 행태는 영원한 2인자의 길인 셈이다.

2인자의 길만을 걷던 한국에서 아이폰을 통해 전달된 애플 쇼크는 한국 기업이 새로운 모습으로 변할 수 있는 기회를 줄 것으로 기대된다. 세계적인 석학들도 같은 생각을 갖고 있다. 윌리엄 바넷 미국 스탠퍼드대 경영대학원 교수는 "애플 아이폰과 도요타 캠리의 한국 침공은 오히려 반가워할 일이다. 좋은 경쟁 상대를 만나 발전할 여지가 생긴 것이다"라고 말했다.

그러나 그 사실을 깨닫지 못한다면 한국 대기업이 누린 기존의 구도는 모두 붕괴될 것이다. 물론 한국 기업이 설 땅을 잃게 되는 것은 당연 지사다. 이런 측면에서 미국의 경제학자 조셉 슘페터의 말은 새겨들을 만하다. "기술은 친절하지 않다. 그리고 기다리지도 않고, '잠깐만요' 라고 말하지도 않는다. 그것은 새로운 시스템을 만들고, 기존 시스템 을 파괴시킨다."

 낯선 모습의 삼성전자 그리고 위기론

삼성전자는 단연 국내 최고의 기업이다. 글로벌 인지도, 경제 비중, 나 아가 영향력까지도 으뜸이다. "한국은 몰라도 삼성전자는 안다"는 말 처럼 세계 속 기업으로서 삼성전자는 자랑할 만하다. 자리가 사람을 만들 듯이 정상의 삼성전자는 외부의 경쟁에도 의연한 모습이었다. 아 무리 강한 외침에도 의연하게 자신의 방식대로 헤쳐나갈 것 같았다.

그러나 아이폰 상륙 이후 1인자는 이전에 보이지 않았던 의외의 모 습을 보인다. 삼성전자는 항상 첨단 기능을 선보였고, 마케팅 포인트 는 자사 상품의 기능 부각이었다. 굳이 분류하자면 마케팅은 포지티 브 전략이 주를 이뤘다. 남을 헐뜯기보다는 자신의 실력으로 소비자 에게 인정받으려는 모습이 강했다. 하긴 "나, 삼성전자야!"라는 말 한마디면 품질과 기술력 등에 토를 달 소비자는 한국에서 그리 많지 않았다.

그러던 삼성전자가 아이폰 이후에는 이전과 다르게 네거티브 전략을 구사한다. KBS 〈개그콘서트〉의 인기 코너인 '남성인권보장위원회'의 출연진을 캐스팅해 만든 광고 '스마트남성인권보장위원회'만 봐도 그렇다. NG 장면을 포함해 총 5분 44초짜리로 만들어진 이 광고는 여자친구가 '불편한' 외국 스마트폰을 사서 '고통받는' 남자친구를 연출한다. '불편한' 외국 스마트폰은 아이폰이고, '고통받는' 남자친구의 휴대폰은 T옴니아2다. 남자친구가 여자친구의 '외국 스마트폰'을 비판하는 요지는 크게 3가지다.

다음은 모두 개그맨 박성호의 대사다.

"자꾸 자기 폰 배터리 다 됐다면서 배터리 빼달라고 하는데, 저야 하나 더 있는 배터리 준다고 칩시다. 하지만 주면 뭐 합니까? 예쁘다고 우겨서 산 그 외국산 브랜드 스마트폰 배터리 바꿔 끼울 수도 없는데."

– 공략 대상: 아이폰의 짧은 배터리 수명과 분리되지 않는 배터리

"응용프로그램 많다고 자랑하면서 이것저것 다운받아 깔아놓으면 뭐 합니까? 정작 지가 좋아하는 게임은 다운이 안 되는데. 결국 또 제 T옴니아2 뺏어 가서 잠깐 보고 준다더니 한 시간도 넘게 가지고 놉니다. 자기 스마트폰은 이것도 안 되고 저것도 안 되고 하면서 자꾸 제 T옴니아2 가져가는데."

– 공략 대상: 콘텐츠의 양 자체는 많으나 국내 소비자 대상 콘텐츠는 적은 애플 앱스토어의 애플리케이션

"남자들이 단 5분이라도 늦으면 난리가 납니다. (……) 그렇게 기다리는 거 싫어하는

사람들이 왜 애프터서비스 한번 맡겨놓으면 한참 기다리는 스마트폰은 대체 왜 샀습니까? 애프터서비스 불편하다는 거 다 아는데 혼자만 모르고 계셨습니까? 남자친구 5분도 못 기다리면서 휴대폰 수리 오래 기다릴 수 있겠습니까? (……) 이러니 제 T옴니아2 탐나겠지요."

이를 토대로 개그맨 황현희의 마지막 정리 발언이 이어진다.

"배터리에 애프터서비스에 써보니까 불편하지? 그러니까 바꿔보자, 커플폰은 T옴니아2."

삼성전자는 아이폰 때문에 오랜 동지였던 KT와도 서먹해졌다. 휴대폰 사업에서는 이통사가 제조사의 휴대폰을 채택하다 보니 굳이 따지자면 통신회사가 '갑'이고 제조사는 '을'이 된다. 그러나 제조사인 삼성전자와 LG전자가 막강한 힘을 가진 대기업이다 보니 '갑'과 '을'은 협력을 통해 '사이좋게' 시장에서의 과실을 향유했다. 이 밀월 관계가 아이폰 때문에 금이 간 것이다.

아이폰이 막 나온 2009년 12월 3일 실무진 회동에서 삼성전자 측은 "KT의 아이폰 밀어주기가 너무 심하다"며 불만을 표시한 것으로 알려졌다.

삼성전자는 KT를 통해 판매한 옴니아에는 T옴니아(SK텔레콤), 오즈 옴니아(LG텔레콤)와 같은 공식 명칭을 쓰지 않았다. 대신 '애니콜 SPH-M8400'라는 모델명만 적었다. 신문광고에도 KT의 옴니아는 명칭 대신 모델명만 게재됐다. 업계에서는 삼성전자의 불편한 심기가 반영된 결과로 보고 있다. 쇼옴니아의 가격 책정도 논란거리가 됐다. T옴니아2와 오즈옴니아보다 높게 책정됐기 때문이다.

SK와 LG의 옴니아 출고가는 92만 4,000원이다. KT의 쇼옴니아는 95만 5,900원이다. 이통사와 제조사의 보조금에 따라 좌우되는 실제 구매가는 차이가 더 심하다. SK와 LG의 옴니아는 24만 원인 데 반해, KT의 옴니아는 40만 5,900원이다. 쇼옴니아는 SK와 LG의 옴니아 2대 가격과 맞먹는다. 제작 단계부터 KT가 공을 들인 스마트폰이지만 가격 경쟁에서 밀리게 된 것이다.

소프트웨어 지원에서도 소극적이었다. 삼성전자는 옴니아폰으로 무선인터넷에 접속해 소프트웨어를 사고팔 수 있는 삼성 애플리케이션 스토어를 SK텔레콤의 T스토어에 입점하는 형태로 개설했다. 2010년 1월부터 SK텔레콤 가입자들은 T스토어를 통해 옴니아용 소프트웨어를 무선으로 사고팔 수 있게 됐다. 그러나 KT에 관련 소프트웨어 지원은 12월 18일까지 결정되지 않았다. 업계에서는 아이폰에 대한 괘씸죄가 적용된 것이라고 해석했다.

이밖에 삼성전자는 '관리'의 삼성답지 않게 여러 가지 설에도 휘말린다. 삼성전자 이재용 부사장이 최태원 SK그룹 회장에게 아이폰 유보 요청을 했다는 기사가 2010년 1월 6일 《한국일보》를 통해 보도된다. 《한국일보》는 "정만원 SK텔레콤 사장은 아이폰 도입에 적극적이었으나 지시를 받고 도입을 보류했다"고 보도했다. 이 보도에 대해 SK텔레콤과 삼성전자 모두 부인했다.

삼성전자 수장의 말이 네티즌 사이에서 논란이 되기도 했다. 2010년

1월 5일 미국 라스베이거스에서 열린 'CES2010' 기자 간담회에서 최지성 삼성전자 사장이 아이폰의 흥행을 두고 '극성스런 네티즌' 덕이라고 표현한 것이다.

최 사장의 발언은 아이폰 열풍을 바라보는 국내 양대 휴대폰 제조사인 삼성전자와 LG전자 CEO의 시각 차이를 확연히 보여줬다.

남용 LG전자 부회장은 최 사장에 이어 하루 늦게 열린 기자 간담회에서 "애플이 강한 이유는 노하우(Know-how)보다는 노웨어(Know-where)에 있다"며 "애플처럼 어디에서 얼마나 빨리 이익을 찾을 수 있을지에 대해 폭넓게 생각해야 한다"고 말했다. '적'을 알기 위해 아이폰을 쓴다는 남용 부회장은 "어떻게 하면 더 소비자에게 밀착해서 애플보다 나은 제품을 만드느냐가 숙제"라고 덧붙였다.

최 사장의 발언은 옴니아2로 아이폰을 넘어설 수 있다는 자신감으로 보인다. "당신이 위축돼 있다면 직원들에게 동기부여할 수 없다"는 앤디 그로브 전 인텔 회장의 말을 되새겨보면, 최지성 사장의 '자신감' 섞인 발언은 적절한 듯 보인다.

그러나 각종 수치를 보면 최지성 사장의 '극성스런 네티즌' 발언은 위기감의 표현으로도 읽힌다. 과장된 해석으로 볼 수도 있지만 삼성전자가 후속 모델로 아이폰의 열기를 식히지 못하면 휴대폰 시장에서의 위상은 급락할 위기에 처했기 때문이다.

소비자 만족도에서도 옴니아는 아이폰을 따라가지 못했다. 시장조사기관 마케팅인사이트의 김진국 대표는 "아이폰은 지금까지 조사된 그 어떤 휴대폰보다 좋은 평가를 받았지만, 옴니아2는 삼성이 내놓은

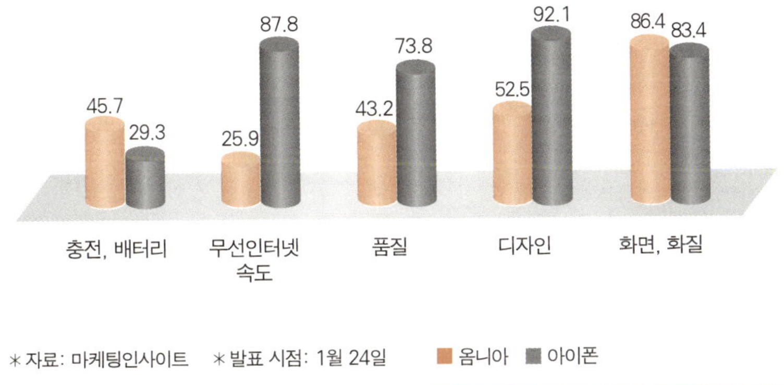

그 어떤 상품보다도 형편없는 평가를 받았다"고 말했다.

옴니아2로 깨진 자존심을 회복하기 위해 2010년 3월 출시를 목표로 한 안드로이드 기반의 스마트폰 제작에 삼성전자는 총력을 기울였다. 그러나 판매 시점은 3월을 넘겼다. 시장에서는 "안드로이드폰이 아이폰을 위협하는 스마트폰으로 자리매김하지 못할 때 생길 수 있는 역풍을 우려해 삼성전자가 공을 들이고 있는 것"으로 풀이한다.

문제는 그다음이다. 스마트폰 시대에는 하드웨어 중심의 기존 휴대폰과는 달리 소프트웨어가 중심이 되어야 하는데 삼성전자의 대비가 예상보다 취약하다는 것이다.

삼성전자가 자신만의 스마트폰 운영체제를 보유하지 않으면 해외로부터 운영체제를 가져와야 한다. 그러지 않으면 삼성전자는 스마트폰 껍데기만 만드는 회사가 될 뿐이다. 삼성전자의 자체 소프트웨어인

‘바다(Bada)’는 종속성을 벗기 위한 그나마 나은 행보다. 바다는 다양한 애플리케이션을 수용할 수 있는 넓은 바다라는 의미, 또 사용자에게 무한한 즐거움을 제공하는 흥미로운 공간이라는 의미도 갖는다.

삼성전자는 그동안 마이크로소프트 윈도모바일 등 다른 회사의 운영체제를 갖다 써왔다. 코드분할다중접속장비(Code Division Multiple Access, CDMA) 휴대폰 제작시 원천 기술을 가진 퀄컴에 로열티를 제공하듯 말이다.

공정거래위원회에 따르면, 기술 로열티와 모뎀칩 판매를 합해 한국 제조사가 미국 퀄컴에 주는 돈은 38억 7,000만 달러에 이른다. 2007년 기준으로 퀄컴사 전체 매출의 약 35%를 차지한다. 2008년까지 약 10년간 지불한 로열티를 계산하면 3조 원으로 추산된다.

바다는 향후 삼성전자가 만드는 스마트폰에 쓰일 예정이다. 바다를 탑재한 스마트폰은 2010년 2월 15일 스페인 바르셀로나의 ‘모바일월드콩그레스(Mobile World Congress, MWC)’에서 첫선을 보였다. 스마트폰의 이름은 ‘웨이브(Wave, S8500)’. 웨이브는 능동형유기발광다이오드 디스플레이 터치센서를 내장한 ‘슈퍼 아몰레드’를 세계 최초로 탑재했다. 기존 아몰레드 휴대폰보다 선명도가 5배 이상 개선됐다. 삼성전자 무선사업부장 신종균 사장은 “웨이브는 삼성의 하드웨어 기술력과 바다라는 소프트웨어 기술력이 합쳐진 진정한 삼성 스마트폰”이라고 설명했다.

 ## 만족도 뒤지는 옴니아가 왜 더 많이 팔릴까

드디어 삼성전자에도 낭보가 들려온다. 독일 내 가장 영향력 있는 IT 전문매체인《커넥트》, 미국의《씨넷》으로부터 "2009년 최고의 스마트폰은 옴니아2"라는 평가를 받은 것이다. 탁월한 하드웨어가 높은 점수를 받았다. 옴니아2는 하드웨어 면에서 확실히 탁월하다. DMB도 되고 영상통화도 된다. 다만 운용체제, 이용 편리성 등의 소프트웨어에서 밀릴 뿐이다.

낯선 아이폰보다는 옴니아2를 선택하는 고객도 꾸준했다. 하루 평균 개통되는 휴대폰 수가 2009년 11월 말 7,500대, 아이폰 출시 이후인 12월에도 6,000대씩 유지됐다. 2010년 1월 1일에는 아이폰 열풍이 12월 중순부터 꺾였다는 기사도 나온다. 보도에 따르면 옴니아2의 일일 평균 개통량이 7,000대로, 5,000대 안팎인 아이폰과 격차를 더 벌렸다.

이 지점에서 의문이 든다. 스마트폰 만족도 조사를 하면 옴니아2는 아이폰에 번번이 밀렸다. 어떻게 만족도가 낮은 제품이 더 잘 팔릴 수 있었을까?

숨은 비결 중 하나로 유통망인 대리점과 이통사 간 밀월 관계가 꼽힌다. 한국에서는 휴대폰을 직접 산 뒤 이통사를 선택해 개통하지 못한다. 애초에 이통사에 속한 휴대폰을 사야 한다. 이통사를 먼저 고르고 휴대폰을 택하는 셈이다. 이 때문에 이통사는 제조사에 떵떵거릴 수 있다.

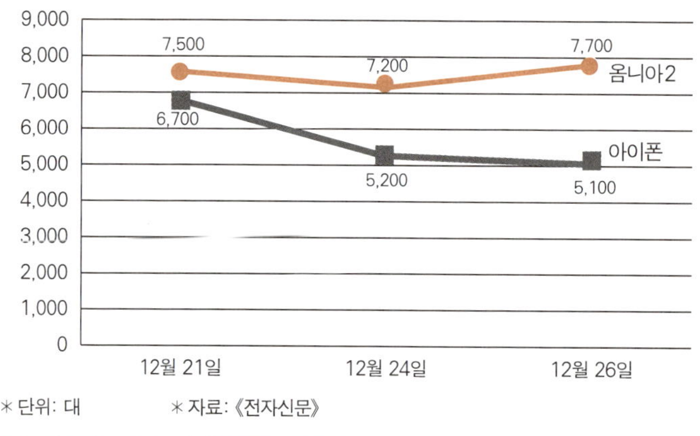

옴니아의 선전은 옴니아가 아이폰보다 품질이 좋아서가 아니라 대리점이 옴니아를 팔면 이윤을 더 많이 남길 수 있는 현실적인 이유 때문이다. T옴니아2를 팔면 10만 원 이상의 이윤이 남지만 다른 스마트폰은 그렇지 못하다. 때문에 스마트폰을 사러 간 소비자들은 대리점에서 T옴니아2가 아이폰보다 좋다는 일방적인 찬사를 듣게 되고 이러한 마케팅의 효과가 옴니아 매출 증가로 이어진 것이다.

만족도와 실제 판매의 괴리에는 한국 특유의 이통통신비즈니스가 자리 잡고 있는 것이다. 소비자들의 만족도와 기업의 매출이 따로 노는 구조는 결국 소비자들의 바람을 정확하게 전달할 수 없는 상황을 초래한다.

 ## 절대 왕좌 NHN도 흔들리다

온라인비즈니스의 절대 강자는 NHN이었다. 포털에서도 경쟁 구도는 NHN과 나머지였다. 50%가 넘는 시장점유율을 가진 NHN은 경쟁사들에게 넘을 수 없는 산이었다. 포털은 하나의 습관처럼 사용되는 것이기에 한 번 굳은 시장 구도는 웬만해서는 거의 바뀌지 않는다.

아이폰은 절대 강자인 NHN의 위상에도 흠을 낸다. 다음이 모바일 비즈니스에서 치고 나가면서 모바일에서 NHN과의 격차를 내기 시작한 것이다.

시장의 평가도 NHN보다는 다음의 손을 들어줬다. 아이폰 사용자의 선호도도 NHN에서 다음으로 움직인다. KT경제경영연구소에 따르면, 아이폰 고객들이 선호하는 포털사이트에서 네이버의 비중은 50~60%였다. PC에선 네이버 선호도가 70~80%에 이른다. 네이버를 좋아하던 소비자들의 이동처는 구글과 다음이었다. 구글은 아이폰의 기본 검색엔진이고, 다음은 적어도 모바일 부문에서는 네이버를 앞선다는 평가를 받는 국내 2인자다. 허겁지겁 NHN이 따라가면서 다음으로 기울었던 구도는 다시 우열을 가리기 힘들어졌지만 절대 강자 입장에서는 자존심 상하는 일임에 틀림없다.

한 포털업계 관계자는 "아이폰으로 인해 NHN이 흔들렸다는 것, 이 자체가 2009년 포털업계에서는 최대의 이슈였다"고 말한다.

또 다른 충격, 아이패드

아이폰으로 불붙은 애플에 대한 관심은 '그다음 출시될 물건'에 집중됐다. 《파이낸셜타임스》 등 외신은 2009년 말부터 "2010년 1월 애플이 중대 발표 예정"이라는 기사를 쏟아낸다. 세계는 또 한 번 스티브 잡스에 주목한다. 애플의 주가는 연초 연일 신고가 행진을 이어갔다. 한국도 애플의 새로운 기기가 선보일 충격에 대비하고 있었다.

애플이 내놓은 회심의 물건은 스마트폰과 노트북을 연결하는 아이패드였다. 아이패드에 대한 스티브 잡스의 자신감은 충만했다. 그는 "아마존이 e-리더의 개척자로 엄청난 일을 했지만, 우리가 아마존의 어깨 위로 올라설 것"(킨들 겨냥)이며, "넷북은 기존 노트북 PC보다 싸다는 것을 제외하고는 나은 게 하나도 없다"(넷북 겨냥)고 말했다.

아이패드는 예상보다 가격도 싸다. 그러나 애플은 제 몫은 톡톡히 챙겼다. 시장조사 전문업체인 아이서플라이에 따르면, 499달러 아이패드의 제조원가는 229.35달러(16GB, 3G 미탑재), 가장 비싼 829달러(64GB, 3G 탑재)는 345.15달러였다. 애플은 아이패드 한 대를 팔아서 최소한 50%에 가까운 수익률을 올리는 것이다.

아이폰의 파워에 놀란 한국의 반응은 재빨랐다. 아이패드의 출시로 태블릿PC 수요가 늘면 낸드플래시와 D램 수요도 증가할 거라는 판단 하에 수혜주로 삼성전자와 하이닉스를, 아이패드의 스크린 납품 가능성을 보고 LG디스플레이를 집었다. 아이패드 액세서리 시장도 주목받기 시작했다.

기기	아이패드	킨들DX	삼성 e북	아이리버 스토리
화면 크기(인치)	9.7	9.7	6	6
디스플레이	LCD	전자종이	전자종이	전자종이
화면 색깔	컬러	흑백	흑백	흑백
무게(g)	무선랜 680 3G공용 715	535	315	284
두께(cm)	1.34	0.76	1.63	0.94
메모리 용량(GB)	16, 32, 64	4	2	2
배터리 지속 시간	10시간(동영상)	일주일	18시간(연속 독서)	일주일
연결 방식	3G, 무선랜	3G, USB 접속	무선랜, USB 접속	USB
가격	499~829달러 (57만~96만 원)	489달러 (56만 원)	42만 9,000원	34만 9,000원

＊자료:《조선일보》　　＊가격 환율은 1달러당 1,160원

아이패드의 출시 시점도 관심사로 떠올랐다. 애플코리아 측은 "본사로부터 구체적인 방침이 내려오지 않아 정확한 출시일은 알 수 없다"고 말하면서도 "연내에는 국내 소비자들도 만져볼 수 있을 것"이라고 했다. 언론에서는 2010년 7~9월쯤으로 내다봤다.

아이패드는 무선랜만 쓰는 버전과 3G망까지 쓸 수 있는 두 가지 버전이 있다. 3G망의 출시 시점은 애플과 국내 이통사 간의 협상 결과에 따라 결정될 것이다. 일각에서는 2010년 3분기나 4분기에는 출시가 가능할 것이라 보고 있다. 아이폰으로 무선인터넷 시장에서 주도권을 뺏긴 SK텔레콤이 아이패드로 뒤집기를 시도할 것이란 분석도 나왔다.

아이패드가 공개된 그대로 한국에 출시된다면 마니아들을 위한 새로운 장난감으로 전락할 가능성이 크다. 한글 지원이 안 되기 때문이다. 아이패드는 총 10개국의 언어가 지원되는데 한글은 빠져 있다. 네티즌들은 "한국 시장의 전자책 시장이 매력이 없어서"(애플은 아이패드를 공개하면서 전자책을 유통하는 아이북스를 만들고 이를 앱스토어에 연결했다), "한국에서 유료 애플리케이션을 안 사서" 등의 추측을 내놨다. 전문가들은 한국어 버전은 상반기 내로 나올 것이라고 내다봤다.

아이패드에 대해서는 혹평과 찬사가 공존한다.

혹평의 이유는 여러 작업을 동시에 진행할 수 없고, 스크린 비율도 기존의 16 대 9가 아니라 4 대 3이고, 미적 감각도 떨어진다는 점 등이었다. 국내에서 널리 사용되는 동영상 파일(avi, wmv 등)이 구동되지 않는 것도 문제로 지적됐다. 아이폰을 위아래로 잡아 늘인 것에 불과하다, 주머니에 넣고 다니기도 힘들고, 업무용으로서는 성능이 딸린다는 평가도 있다. 태블릿PC는 2001년 시장에 선보였다가 망한 아이템이다. 비싼 가격, 낯선 인터페이스, 낮은 기술력으로 인한 저조한 인식률과 하드웨어 사양 등이 걸림돌이었다. 실패의 기억도 아이패드에 대한 차가운 평가의 원인이 됐다.

그러나 찬사도 이어졌다. 상업적 흥행 여부를 떠나서 시대의 방향타가 됐다는 것이다. "큰 흐름의 모티프를 던졌다. 아이패드는 IT산업의 주도권이 하드웨어와 통신에서 소프트웨어와 콘텐츠로 넘어가는 패러다임 전환을 가속화할 것이다(김홍선 안철수연구소 대표)." "아이폰의 10분의 1 정도만 팔리더라도 시장에 주는 여파는 클 것이다(이찬진 드림위즈 대표)."

4월 3일 출시된 아이패드는 흥행을 거뒀다. 2007년 아이폰 출시 당시 사흘 전부터 줄을 선 것과 비교하면 열기가 식었다고 할 수도 있겠지만, 첫날 매출고가 70만 대인 것을 감안하면 성공임에 틀림없다. 예상 판매치를 두고는 적게는 270만 대에서 많게는 1,000만 대까지 전문가 간 견해가 크게 엇갈린다.

한편 스마트폰 시장에서 아이폰의 강적으로 안드로이드폰을 내놓은 구글은 아이패드에 맞설 태플릿PC 콘셉트 디자인을 홈페이지에 올렸다. 애플과 구글은 시장점유율 90%로 아마존이 독점하고 있는 전자책 시장을 3등분할 것으로 예상된다.

소니도 애플이 아이패드를 공개한 일주일 후 급하게 태블릿PC 출시 계획을 밝혔다. 삼성전자는 아이패드 성공 가능성에 대해 말을 아끼고 있다.

아이패드로 한국은 또 한 번의 쇼크를 받은 듯하다. 《경향신문》은 아이패드가 출시된 다음 날 기사 1면에 '뭐 하니, IT 코리아'라는 제목의 기사를 싣는다. 기존 미디어 환경은 지각 변동 직전인데 국내 IT 산업은 추락 중이라는 것. 현대원 서강대 교수는 "혁신적인 기술보다는 기존의 콘텐츠를 소비자 중심으로 어떻게 엮을 것인지가 더 중요하다"고 지적했다. 때마침 2010년 1월 29일 OECD가 발표한 '과학·기술·산업 지수 보고서'에 따르면, 한국의 정보통신 투자 비율은 21개국 가운데 16번째였고, 소프트웨어 투자 비율은 21개국 중 꼴찌였다. 특히 소프트웨어 투자비는 IT 설비 분야에 투자하는 액수의 4분의 1도

안 됐다.

한편 아이패드는 정치권의 논쟁거리가 되기도 한다. 야당인 민주당의 김효석 민주정책연구원장은 아이패드 출시와 관련해 우리나라는 세계 최고의 IT 인프라를 갖고 있고 우리나라 소비자들은 신제품에 대한 수용도가 가장 높은데도 IT 경쟁력이 2007년 세계 3위에서 작년엔 19위로 떨어진 것은 정부가 4대강 사업과 세종시 등 토목공사에만 매달려서는 아닌지 지적했다.

 ## 노년을 위한 아이패드의 신세계

아이패드가 IT 기기에 소외됐던 노년층, 즉 실버 세대의 희망으로 떠오를 가능성도 있다. 사실 젊은이들의 넷북 수요를 대체할 것이라는 전망보다는 이 부분이 좀 더 설득력 있다.

50대 이상 세대는 고학력층을 제외하고 현 윈도 기반의 PC 체제를 쉽게 이용할 수 없다. 이들에게는 PC를 켜는 일 자체부터 고역이다. 각종 아이콘을 마우스로 클릭하는 절차 또한 만만찮다. 때문에 정보화 시대로 접어들고 온라인의 영역이 커질수록 역으로 이들의 활동 반경은 줄어들었다.

아이패드는 다르다. 일반 TV처럼 켜기만 하면 되고, 마우스가 아닌 손으로 작동할 수 있다. 편의성 면에서 한층 진일보한 셈이다. 아이패드의 확산으로 실버 세대가 온라인 세상에 본격적으로 진출하게 되면 여론 형성이나 온라인 쇼핑 등의 상업 활동은 이전과는 전혀 다른 형태로 변화될 것이다.

IT 전문 블로그 테크크런치(techcrunch.com)는 '우리 엄마의 다음 컴퓨터가 아이패드가 될 수밖에 없는 이유'라는 글에서 "아이패드는 컴퓨터를 좋아하지 않는 이들을 위한 컴퓨터다. 3D 드라이버를 업그레이드하거나 스크린 해상도를 조절하거나 새 메모리를 설치하는 것을 좋아하지 않는 사람들, 왜 부팅에 10여 분이 걸리며 컴퓨터가 갈수록 느려지기만 하는지 이해하지 못하는 사람들을 위한 컴퓨터 말이다"라고 표현했다.

애플 쇼크  후석 달

소프트웨어에 무심하던 정부를 움직이다

애플 쇼크로 드디어 대한민국이 움직였다. 정부는 소프트웨어 진흥책을 내놨고, 기존 맹주들은 대응책을 속속 발표했다. 특히 포털사이트에 언론의 주요 기능을 빼앗겼던 미디어는 도약의 승부수로 모바일을 택한다.

한국에서 모바일은 대세로 굳어졌다. 이 모든 변화가 본격화되는 시점이 애플 쇼크가 한반도에 떨어진 두 달 후다.

 ## 정부, 1조 원을 풀다

애플의 힘은 결국 소프트웨어의 힘이라는 걸 정부도 깨닫는다. 또한 그 주체는 대기업이 아니라 중소기업임을 절감했다.

아이폰이 출시된 지 68일째인 2010년 2월 4일 비상경제대책회의에서 이명박 대통령은 "빌 게이츠나 스티브 잡스 같은 성공 사례가 우리나라에서도 나와야 한다"며 "소프트웨어 사업자들이 중소기업 중심으로 이뤄진 만큼 정부 발주 사업에서 과감하게 중소기업을 배려하도록 하겠다"고 말한다.

이날 정부는 제조업과 소프트웨어를 결합한 임베디드 시스템● 집중

● Embedded System, 내장형 시스템. 시스템을 동작시키는 소프트웨어를 하드웨어에 내장하여 특수한 기능만을 수행하는 컴퓨터 시스템이다.

육성책을 발표했다. 향후 3년간 총 1조 원을 투자하는 사업이다. 정부는 예산 책정의 근거로 삼성전자와 애플의 휴대폰 판매 대수와 두 기업의 영업이익률 차이를 보여준다. 결국 애플 쇼크가 정부 예산 1조 원을 움직인 것이다.

소프트웨어업계의 반응은 냉랭했다. 2년 동안 찬밥 신세로 됐다가 뒤늦게 구색 갖추기를 하는 모습으로 비춰졌기 때문이다. 미래를 내다보고 차분히 마련된 정책이 아니라 애플이라는 외국 기업이 가져다준 충격으로 인해 만들어진 정책이 제대로 구현될지에 대해서 신뢰할 수가 없었다.

이명박 정권은 정권 출범 초 조직 개편을 하면서 소프트웨어 주무부처인 정보통신부를 없앤다. 정통부의 소프트웨어 산업은 지식경제부로 넘어간다. 이 과정에서 '실(室)'의 위치에 있었던 소프트웨어진흥단

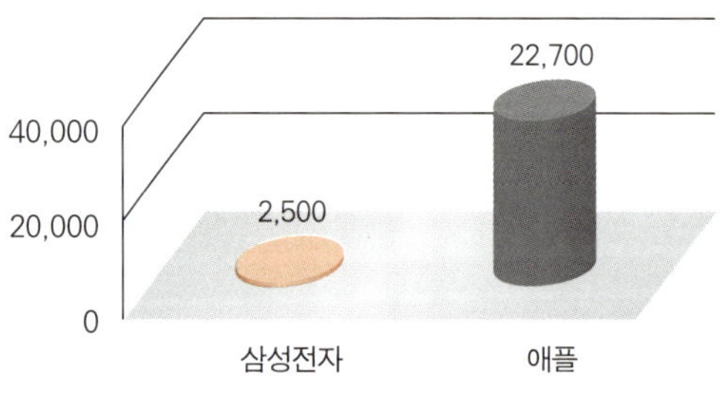

은 '과(課)'로 한 단계 격하된다. '실'에서 '과'로 지위가 약해진 소프트웨어진흥사업에 힘이 실릴 리 만무하다. 이명박 대통령이 정권 초 "우리는 왜 닌텐도 게임기 같은 것을 개발하지 못하느냐"고 했지만, 결국 자신의 손으로 소프트웨어 산업의 힘을 뺀 셈이다.

하드웨어와 소프트웨어 간 경쟁력 괴리는 확대됐다. IT 총생산액 중 하드웨어가 73%를 차지하는 반면 소프트웨어는 8%에 불과했다. 2008년 기준으로 전 세계 IT 시장에서 소프트웨어 시장(30%)이 하드웨어 시장(22.4%)보다 더 큰데도 말이다. 정부는 좁은 영역에서 피 터지게 경쟁하는 레드오션 중심의 구도로 IT산업을 몰아왔다.

아이폰은 소프트웨어의 중요성을 절감하게 한다. 사실 아이폰에 들어가는 핵심 부품은 외부에서 들여온 것이다. 앞서 언급했듯이 삼성전자가 아이폰의 핵심 부분을 만든다.

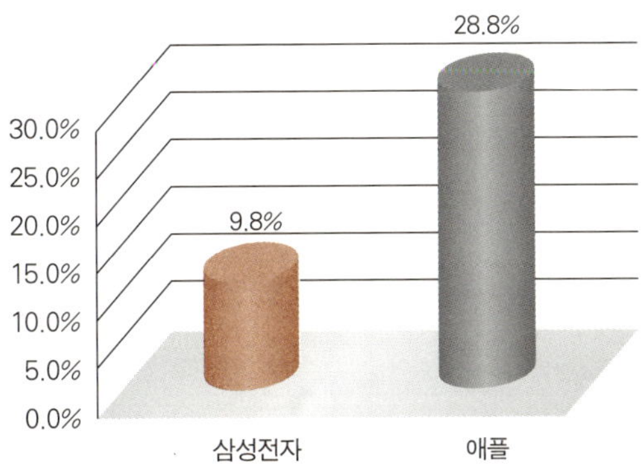

* 자료: 지식경제부

아이폰에서 돋보이는 애플의 기술력은 단 두 가지다. 하나는 피부에 흐르는 전류를 터치패드가 인식하는 정전식 터치스크린, 다른 하나는 사용자환경을 이끄는 운영체제다. 정전식 터치스크린은 애플뿐만 아니라 다른 기업도 만들 수 있는 기술이다. 그러나 운영체제는 다르다. 스마트폰은 복잡한 기기지만 아이폰은 특별한 설명서 없이도 사용 가능하다. 바로 사용자환경 때문이다. 옴니아2와 아이폰의 만족도를 가르는 결정적 요인도 사용자환경이다. 아이폰의 운영체제는 옴니아2에 비해 속도가 빠른 것은 물론이요, 훨씬 편리하다.

앱스토어의 애플리케이션도 소프트웨어의 힘을 느끼게 한다. 기존 휴대폰의 소프트웨어는 이동사가 일방적으로 전달해주는 것이었다. 그러나 아이폰은 다르다. 앱스토어라는 공개 장터를 통해 휴대폰 프로그

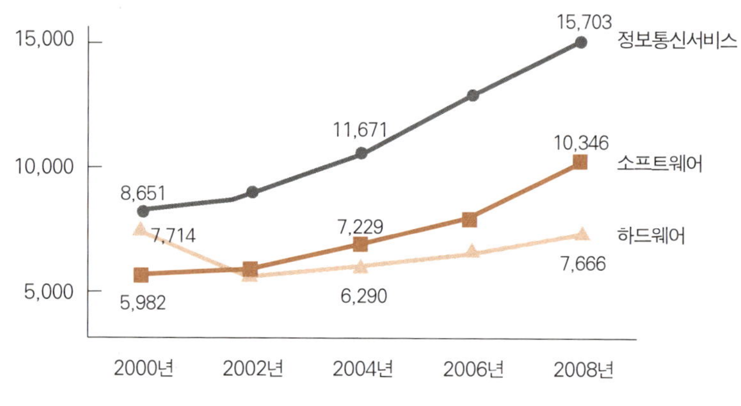

램인 애플리케이션을 공유한다.

더 많은 프로그램을 활용할 수 있다는 장점으로 그치지 않는다. 애플리케이션은 휴대폰을 진화시킨다. 종전까지는 이통사가 만들어놓은 체제 속에 순응할 수밖에 없었다. 그러나 앱스토어의 개방성 속에 사용자들은 아이폰을 쓰다가 느끼는 불편함을 상품으로 승화시켜 앱스토어에 올려놓는다. 아이폰의 단점이 사용자에 의해 보완되는 것이다. 애플은 아이폰의 구동 속도와 관련된 운영체제 등 주요 외부 요소만을 바꿀 뿐, 아이폰의 소프트웨어는 사용자 스스로가 발전시켜나간다.

또 애플리케이션을 통한 관계는 한 차례 매매만으로 끝나지 않는다. 개발자는 관련 애플리케이션을 보완한 업데이트 버전을 지속적으로 내놓는다. 애플리케이션 사용자들은 일일이 애플리케이션의 추가 보

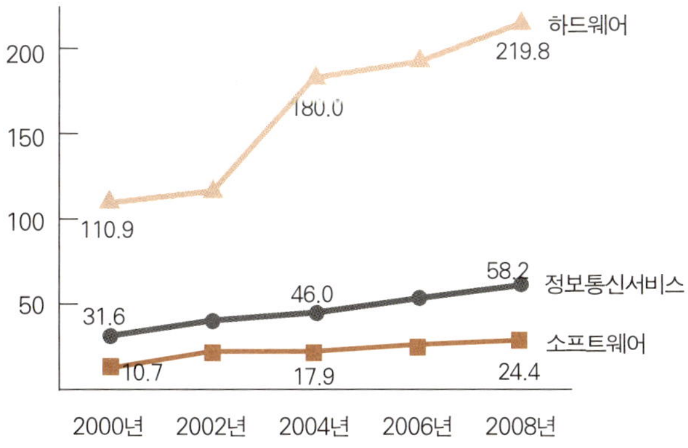

완 여부를 확인할 필요가 없다. 아이튠즈에 아이폰을 접속시키거나 아이폰으로 앱스토어에 접속만 해도 자신이 갖고 있는 애플리케이션의 업데이트 필요 여부를 알 수 있다. 업데이트도 복잡하지 않다. 업데이트 승인 버튼 하나만 누르면 된다.

하드웨어 중심으로 향했던 정부의 IT 정책이 방향타를 돌린 것은 잘된 일이다. 역주행하던 정부 정책도 애플 쇼크로 인해 2년 만에 제자리를 찾아가게 됐다.

 ## 무책임한 보안 정책도 변화해야 할 때

선진국에서는 보안프로그램 설치가 기업의 몫이다. 스스로 IT 보안을 철통같이 하기 때문에 개인이 프로그램을 따로 설치할 필요가 없다. 반면 우리는 결제서비스를 이용할 때마다 보안 소프트웨어를 다운받아야 한다. 매번 설치하는 게 번거롭고 이 프로그램이 컴퓨터 작동을 더디게 하는데도 말이다. 그럼에도 불구하고 정부의 정책 때문에 어쩔 수 없다. PC만 쓸 때는 참았다. 그런데 모바일에서도 이 프로그램을 깔아야 한다고?

이 소프트웨어가 액티브X다. 액티브X는 마이크로소프트가 웹브라우저인 인터넷 익스플로러용으로 개발한 소프트웨어로 웹브라우저에서 음악, 동영상, 게임 등 각종 프로그램을 돌릴 때 사용된다. 한국에서는 주로 보안용, 즉 인터넷을 통한 금융 결제 시에 많이 쓰인다. 액티브X를 깔려면 프로그램을 내려받은 뒤 설치해야 한다. 대략 5~10분이 소요된다. 그나마 컴퓨터와 네트워크 상태가 좋을 때 말이다. 둘 중 하나라도 좋지 않으면 소요되는 시간은 무한정 늘어난다.

액티브X 모델 자체도 구식이다. 2000년 이후 나온 웹브라우저에는 액티브X보다 강한 보안 프로그램이 기본으로 깔려 있다. 개발사인 마이크로소프트도 공식 사이트에서 "액티브X를 보안 등 시스템 수준에서 사용하는 것은 지양해야 한다"고 권할 정도다. 그럼에도 우리는 여전히 10년 전 개발된 액티브X를 사용하고 있는 것이다.

정부 당국은 금융 결제를 할 때 액티브X를 반드시 깔라고 한다. 혹시나 있을 보안 사고가 터져서 문제가 생겼을 시, '우린 최선을 다했다'며 책임을 면하기 위해서다. 물론 액티브X 설치를 강제화함으로써 인터넷 보안을 공고히 한 공은 인정할 수 있다. 일례로 2009년 영국의 인터넷뱅킹 사고 금액은 1,000억 원에 달하지만 국내는 3억 원에 불과하다. 행여 소비자의 부주의로 보안 사고가 터졌을 때도 기업이나 금융 당국에 책임을 묻는 한국적 상황에서 액티브X 설치 강제화는 불가피한 측면도 있다.

그럼에도 전문가들은 이제 IT 부문에서의 보안도 소비자의 선택에 맡겨야 한다고 조언한다. 정부 당국이 특정 인증 기법 사용을 금융기관에 강제하는 행위는 국제결제기구 바젤위원회의 위험관리 원칙에 반하는 것이기 때문이다.

액티브X를 고집하는 게 문제라는 것은 알았다. 그런데 이게 스마트폰과 무슨 관계가 있을까?

액티브X는 개발사인 마이크로소프트가 만든 인터넷 익스플로러에서만 돌아간다. PC만 쓴다면 크게 문제될 것은 없다. 한국에서는 약 98%가 PC에서 인터넷 익스플로러를 쓰기 때문이다. 그런데 문제는 아이폰과 안드로이드폰 등 주요 스마트폰이 자체 운영체제를 쓴다는 것이다. 액티브X 자체를 깔 수 없다. 만약 금융 당국에서 액티브X 설치 미비를 이유로 결제서비스를 금지하고 나서면, 모바일을 통한 쇼핑은 불가능하게 된다. 실제로 G마켓, 알라딘, 예스24는 이 때문에 모바일 쇼핑서비스를 접었다.

스마트폰이 대세가 되면서 자연히 모바일비즈니스도 확장되고 이를 통한 결제서비스는 반드시 갖춰져야 하는 기능이 됐다.

문제 해결을 위해서는 IT 보안의 발상이 바뀌어야 한다. 지금까지 우리나라는 소비자에게 보안을 떠맡겼다. 문제가 발생하면 소비자가 게을러서 안 한 게 된다. 이제 시대의 패러다임이 바뀌고 있는 이상, 한국도 다른 선진국처럼 서비스 공급자인 기업이 각자 보안을 튼튼하게 갖추고 사용자들이 웹브라우저 등 소프트웨어 선택권을 갖게 바뀌어야 한다.

 ## LG전자의 남다른 스마트폰 전략

삼성전자와 LG전자 둘 다에게 2010년 화두는 스마트폰이다. 그러나 이들의 대응책은 다소 차이가 있다.

삼성전자는 정공법이다. 소프트웨어, 하드웨어 모두 힘을 키워 시장을 잡겠다는 것이다. 특히 '바다' 개발 등 그동안 약했던 소프트웨어 강화가 주목된다.

LG전자는 독자 운영체제 개발 대신 다른 길을 선택한다. 안승권 모바일커뮤니케이션 사장은 2010년 2월 16일 모바일월드 콩그레스에서 LG전자의 스마트폰 전략을 밝힌다. 다음은 기자의 질문에 대한 안 사장의 답변이다.

질문: LG전자는 스마트폰과 관련해 독자적인 운영체제에 대한 구상이 있는가?

답변: LG가 그동안 하드웨어 중심의 비즈니스를 해왔던 건 사실이다. 소비자가 추구하는 가치가 솔루션 쪽으로 넘어가고 있는 것도 사실이다. 아주 특이한 경우를 제외하고는 우리가 스마트폰 생태계를 장악하긴 힘들 것이다. 그래서 우리는 적어도 2~3년 사이에는 LG만의 독자적인 플랫폼은 만들지 않겠다고 확고하게 결정지었다. 대신 1~2년 동안은 안드로이드와 윈도모바일7에 집중할 것이다. 그러면서 동시에 가장 기본이 되는 주요 기능에서 차별화하기 위해 자원을 집중하고 있다.

LG전자는 스마트폰에 대해 적절하게 대응하지 못한 것을 통감하고 있다. 한국 시장에서 스마트폰에 대한 소비자의 반응이 이렇게 빠를 것이라고 예상하지 못했던 것이다. 이미 아이폰, 안드로이드, 윈도7 외에는 생존이 어려울 만큼 시장이 고착화된 상황에서 LG전자가 스마트폰의 근간 기술인 운영체제를 개발하기는 늦었다. 대신 적합한 운영체제를 골라서 더 좋은 스마트폰을 만드는 데 집중하겠다는 게 LG전자의 선택이다.

LG전자가 올 2010년에 만드는 스마트폰 500만 대 중 300만 대를 폭스콘에 아웃소싱한 사실이 알려진 후 증권가에서는 LG전자의 자체 스마트폰 운영체제 포기가 기정사실화돼 있었다.

LG전자의 선택을 부정적으로만 볼 일도 아니다. 아직 스마트폰은 범용화 단계에 진입하지 않았다. 이제 시장이 성숙하는 단계다. 시장이 커지면 운영체제 등 각종 스마트폰 부품들은 싸지게 마련이다. 후발 주자가 뛰어들 공간도 커진다. 자신의 고유 기술이 없는 입장에서 부품이 고가라면 해당 시장에 진입하기 어렵다. 그러나 부품이 싸진다면 상황은 달라질 수 있다. 한 IT 담당 애널리스트는 "스마트폰 시장이 성숙기가 되면 제품 차별화를 통한 후발업체의 약진이 두드러질 수 있다"며 LG전자 입장에서 아웃소싱 전략은 나쁜 판단이 아니라고 분석했다.

 ## 미디어가 모바일을 주목하는 진짜 이유

아이폰 출시 후 가장 민감하게 반응한 산업군은 미디어다. 앞다퉈 앱스토어에 애플리케이션을 올린다. 모바일 부서를 따로 만드는 언론사도 생겼다. 주요 언론사들은 "써봐야 남들보다 앞설 수 있다"며 일선 기자들에게 스마트폰을 지급하기도 했다. 속보를 빠르게 널리 전하기 위해 기자들의 스마트폰과 회사의 트위터를 잇는 시스템을 갖추는 언

론사도 등장했다.

특히 트위터는 뉴스를 빠르게 전달하는 것뿐만 아니라 뉴스 현장과 이면의 시시콜콜한 사항까지도 올리는 곳으로 활용되고 있다. 말 그대로 '취재 메모'까지도 파는 것이다. 스마트폰과 떼려야 뗄 수 없는 트위터 장악이 곧 기존 신문이나 방송, 인터넷에 대한 관심과 충성도를 높일 수 있는 방법이기 때문이다. 국내 트위터 인구도 빠르게 증가하고 있다. 2009년 초 1만 명 수준이던 트위터 이용자가 연말에는 90만여 명까지 증가했다.

트위터의 힘은 국내외에서 이미 입증됐다. 가요계의 전설인 마이클 잭슨의 사망 소식을 세상에 알린 매체는 미국의 통신사인 AP, 빠른 보도로 정평이 난 CNN이 아니라 '브레이킹뉴스'라는 트위터였다. CNN보다 45분이나 빨랐다.

국내에서도 2009년 10월 말 강남 파이낸스빌딩에 화재가 났을 때 트위터 이용자가 대피하면서 트위터에 이 소식을 알려 피해를 최소화할 수 있었다. 기성 언론보다 훨씬 빨랐음은 물론이다.

모바일서비스를 맞이하는 국내 언론은 구색 갖추기에만 급급한 것으로 보인다. 대표적으로 애플리케이션 간 차별성이 미미하다. 콘텐츠를 애플리케이션이라는 새로운 그릇에 담고 빨리 전달하려는 데만 노력할 뿐 디자인 등 독자의 감성을 자극할 거리에는 크게 관심을 두지 않는다. 기사는 순서대로 죽 나열돼 있다. 효과적으로 전달하려는 노력은 뒷전이다. 미국의 유수 언론사가 앞서 만든 애플리케이션을 베긴 꼴이다.

마치 빌딩에서 화재가 났을 때, 경보음만 듣고 무리들이 뛰어가는 방향으로 가능한 한 빨리 뛰어가려는 모습이다. 발화점과 위험 요소를 모른 채 무작정 군중을 따라가는 것은 '죽을 가능성'을 높일 뿐이다. 차별성을 갖추기 위해서는 언론사도 기존의 사고에서 탈피해야 한다.

국내 전문가들은 우선 인력 구성부터 고민해야 한다고 충고한다. 제대로 된 형식을 갖추기 위해 1인 2역을 맡겨서는 안 되며 모바일로 독자에게 소구할 수 있는 포인트를 되짚어보아야 한다는 것이다. 수많은 미디어 애플리케이션 중에 선택을 받으려면 특화가 중요하며, 차별화된 포인트를 키워나가는 게 핵심이다.

언론이 모바일에 공을 들이는 첫 번째 이유는 NHN으로 대표되는 포털사이트에 빼앗긴 미디어의 힘을 되찾기 위해서다. 새로운 전달 수단인 모바일까지 포털에 뺏길 수 없다는 입장이다. 지금 이 순간의 대처로 향후 언론의 헤게모니가 좌우되기에 더욱더 민감하고 빠르게 행동할 수밖에 없다.

다른 하나는 새로운 '먹을거리' 창출이다. 뉴스만 놓고 봐도 스마트폰이 일반화되면 뉴스 소비 시간은 길어질 것으로 전망된다. 당장 출근 시간에 무가지를 찾기보다는 보다 좋은 콘텐츠가 담긴 정통 언론의 뉴스를 찾게 될 가능성이 커진다. 뉴스뿐만 아니라 부가적인 콘텐츠까지 갖고 있는 언론사라면 스마트폰 사용자로부터 지지를 받을 가능성은 더 커진다. 심층 보도, 동영상 등은 빠른 시일 내에 유료화까지도 가능한 부분이다.

언론사의 주요 수익원인 광고 매출도 늘어날 수 있다. 모바일 뉴스 애플리케이션이 자리를 잡고 구독층이 늘어나면 광고도 붙일 수 있다. 모바일 광고는 기존 광고보다 질 높은 '고가'의 상품으로 키울 수도 있다. 스마트폰은 폰 안에 들어 있는 GPS 등을 활용해 지역과 시간, 더 나아가 (추가적인 정보 입력이 가능하다는 전제 하에) 연령대에 맞는 맞춤 광고가 가능하기 때문이다.

특히 지역 특화 광고가 활성화될 가능성도 크다. 구글은 이 같은 맥락에서 2009년 말 지역 검색사이트인 '옐프닷컴(yelp.com)'을 인수하려 했다. 인수 규모는 5억 5,000만 달러(약 6,400억 원)로 알려졌다. 구글은 정교한 지역 정보 검색을 통해 지역 정보 시장을 장악하려고 했던 것이다. 스마트폰 세상에서 강화되는 지역 검색·트위터로 대표되는 소셜네트워크서비스·무선인터넷을 통한 쇼핑, 이 세 가지의 연결로 발휘되는 시너지에 IT업계들이 주목하고 있다.

 ## 아이패드와 미디어 승패 가를 부채꼴 이론

아이폰이 속도, 편의성 면에서 언론을 긴장시켰다면 아이패드는 생존에 대한 고민을 본격화할 도구다. 전달 방식의 패러다임 자체가 변하기 때문이다.

기존에 신문, 방송, 온라인은 각자의 고유한 스타일대로 뉴스를 전달했다. 그런데 아이패드는 각각의 수단이 융합된 형태의 미디어 세상을 열 것으로 전망된다. 제프 오어 ABI 리서치 수석 분석가는 "아이패

드는 미디어태블릿이라는 새로운 기기의 분류를 정의하게 될 것"이라
고 말한다.

과연 아이패드와 만난 새로운 언론의 모습은 어떨까? 미국 IT 전문
지인《와이어드닷컴》과 유튜브 상에는 아이패드와 만난 미래 미디어의
모습을 담은 파일이 게시돼 있다. ●

유튜브의 '스포츠일러스트레이트'의 데모 파일 내용은 이렇다.

태블릿PC의 전면에 주간지 첫 페이지가 뜬다. 화면이 뜨면 사용자
는 내부 콘텐츠를 볼 수 있다. 콘텐츠의 차례는 사용자가 임의대로 바
꿀 수 있다. 미식축구 기사를 보다가 좋아하는 스타의 최근 소식을 알
고 싶으면, 그 스타를 클릭하면 된다. 이 스타가 찍힌 사진을 클릭하면
당시 경기 화면이 동영상으로 연결된다. 관련 게임을 하고 싶으면 게
임으로 바로 연결된다. 광고를 클릭하면 동영상을 볼 수 있다. 화면의
특정 부분을 누르면 바로 쇼핑몰 페이지와 연결된다.

태블릿PC로 다양한 콘텐츠가 한데 묶일 수 있는 것이다. 이때는 다
양하고 질 높은 콘텐츠를 갖춘 언론사가 주도권을 가질 확률이 커진
다. 이 때문에 언론사와 홈쇼핑, 게임회사 등 간에 새로운 M&A가 일
어날 공간은 넓어 보인다.

이처럼 융합의 시대에 기존처럼 단순히 정보만 전달하는 주체로 머
물게 되면 그 미디어는 퇴보할 수밖에 없다. 융합 시대에 맞는 콘텐츠

● 《와이어드닷컴(www.wired.com)》에서는 검색 분류를 'video'로 택하고 검색어로 'wired
magazine on the ipad', 유튜브(www.youtube.com)에서는 검색어로 'sports illustrated-
tablet demo 1.5'를 치면 볼 수 있다.

를 제공하고, 이에 더해 관련된 다른 산업을 이끌어가는 미디어가 승리자가 될 것이다. 뉴스 공급자라는 기존의 미디어 모델에서 탈피해 어느 정도까지 외연을 확장시킬지는 미디어 자신의 노력에 달렸다는 얘기다.

미디어의 미래 발전상은 선도 미디어 기업이 앞서가면서 부채꼴 모양으로 영역을 만들면, 후발 주자들이 그 안에서 사업을 벌이고 확장하는 형태로 이뤄질 가능성이 크다. 디지털미디어의 소비자는 자신의 라이프 사이클 안에서 습관적으로 미디어를 소비하기 때문에 후발 주자 입장에서는 선발 주자가 뚫어 다진 영역에 뒤늦게 진입해봤자 수익을 낼 확률도 적을 것이다. 특히 일부 영역은 후발 주자가 진입 시도조차 엄두가 안 날 정도로 선도 기업의 영역으로 굳을 수 있다.

후발 주자의 사업 영역은 애초부터 선발 주자보다 위축된 채 시작되어야 한다. 앞서 언급했듯이 라이프 사이클 안에서 미디어 소비가 이뤄질 것이기에 온라인비즈니스 모델에서보다 모바일에서 1위 기업의 시장 장악력이 더 커질 개연성도 충분하다.

결국 선발 주자와 후발 주자 간 위상 차이는 넓힐 수 있는 원주(圓周)를 토대로 상이하게 전개될 것이다. 더 많은 영역을 확보한 선발 주자는 그것을 바탕으로 수직적으로 수익 모델을 키워나갈 가능성이 크다. 선발 주자와 후발 주자 간 격차는 일차원이 아니라 삼차원적으로 이뤄지게 되는 것이다.

또한 미래 미디어는 콘텐츠 싸움으로 전개될 것이다. 일단 고유의 콘텐츠 생산 능력이 없는 무가지는 도태될 확률이 높다. 뉴스 소비자

개개인마다 태블릿PC 등 자신만의 유통 수단을 갖게 되면 굳이 무가지로 정보를 보려는 욕구가 떨어질 것이기 때문이다. 대신 차별화된 정보를 풍부하게 갖고 있는 미디어에 소비자의 집중도가 높아질 것이다.

다가올 미래 미디어의 경쟁력은 데이터베이스의 질에서도 갈릴 수 있다. 하나의 화면을 출발점으로 얼마나 다채로운 정보를 안겨줄 수 있느냐에 따라서 승패가 나뉠 수 있기 때문이다. 이 부분은 미디어가 유료화 지점으로 활용할 수 있는 대목이다. 인물DB 등 해당 미디어에서만 구할 수 있는 정보를 중심으로 유료화 모델 구축에 나선다면, 이는 해당 미디어만의 강점이 될 수 있다.

그러나 태블릿PC 등 새로운 미디어로의 전환은 순탄치 않아 보인다. 미디어와 IT 기기 제조사 간 협력 과정 때문이다. 태블릿PC 제조사와 미디어 간에도 갈등이 일었다. 신문과 잡지 등 미디어들은 아이패드와의 콘텐츠 제공 관련 계약 과정에서 불편한 심기를 드러내고 있다. 애플이 구독자 정보와 가격 결정권 등의 권리를 주장하고 나섰기 때문이다.

한편 아이폰의 별칭이 '담달폰'이 됐듯 아이패드도 '담달패드'가 될 가능성이 높아지고 있다. 본래 2010년 1월 아이패드 공개 시, 국내 아이패드 출시 예상 시점으로 3월이 유력했었다. 이후 5~6월로 한 차례 미뤄진 출시 시점은 미국 출시를 위한 예약판매가 시작된 3월 중순, 6~7월로 한 달 정도 미뤄진다. 문제는 이 또한 불투명하다는 것이다.

아이폰은 KT와만 손잡고 출시됐지만, 아이패드는 KT와 SK텔레콤이 동반으로 손잡고 나올 가능성도 높다. 아이폰의 예상 밖 대박 행진에 놀란 두 통신사 모두 아이패드 유치에 적극적으로 나섰기 때문이다. 아이폰은 미국의 AT&T, 일본의 소프트뱅크, 한국의 KT 등 한 나라당 한 통신사만 통해서 들어왔다. 그러나 아이패드는 휴대폰과 전혀 다른 개념이기에 아이폰 때 갖췄던 유통 구조가 깨질 가능성도 농후하다. 실제로 일본에서는 NTT도코모가 아이패드의 도입을 결정했다.